Das Deutschbuch

Ein Sprachprogramm für Ausländer

Puente · Demetz · Sargut · Spohner · Hirschberger · Kersten · von Stolzenwaldt

Das Deutschbuch

Ein Sprachprogramm für Ausländer · Erwachsene und Jugendliche ·

Lehrerhandbuch zum Grundbuch Jugendliche

Das Lehrerhandbuch zum Grundbuch Erwachsene
erhalten Sie unter der Bestellnummer 4904.

CIP-Kurztitelaufnahme der Deutschen Bibliothek

Das Deutschbuch : e. Sprachprogramm für Ausländer —
Erwachsene und Jugendliche / Puente . . . —
Niedernhausen (Ts.) : Falken-Verlag

NE: Puente, Juan Manuel [Mitverf.]

Grundbuch Jugendliche. Hirschberger . . .
Lehrerhandbuch. — 1981.

ISBN 3-8068-4929-3.

NE: Hirschberger, Marie-Luise [Mitverf.]

ISBN 3 8068 4929 3

© 1981 by Falken-Verlag GmbH, 6272 Niedernhausen/Ts.

Gesamtherstellung:
Konkordia GmbH für Druck und Verlag, Bühl/Baden

Zur Zielgruppe	7
Zur didaktischen und methodischen Konzeption	9
Aufbau einer Lektion	13
Wichtig für Lehrer und Lerner	16
Übersicht über den Stoff der Lektionen 1 – 18	21
– Themen – Sprechintentionen – Grammatische Strukturen	
Konkrete methodische Hinweise zu den Lektionen 1 – 18	
– Vorbemerkungen	30
– Liste der Übungsmuster	30
– Zu Lektion 1	32
– Zu Lektion 2	43
– Zu Lektion 3	50
– Zu Lektion 4	58
– Zu Lektion 5	63
– Zu Lektion 6	69
– Zu Lektion 7	75
– Zu Lektion 8	82
– Zu Lektion 9	88
– Zu Lektion 10	93
– Zu Lektion 11	97
– Zu Lektion 12	100
– Zu Lektion 13	105
– Zu Lektion 14	108
– Zu Lektion 15	110
– Zu Lektion 16	112
– Zu Lektion 17	114
– Zu Lektion 18	115

Zur Zielgruppe

Dieses Buch ist einsetzbar in Jugendlichengruppen, die Deutsch lernen müssen und wollen. Momentan trifft dies vor allem auf Jugendliche zu, die im Zuge der Familienzusammenführung, sowie des Asylverfahrens in die Bundesrepublik Deutschland eingereist sind.

Sie sind also schulpflichtig und besuchen Hauptschulen, Berufsschulen und Maßnahmen im Bereich der außerschulischen Bildung (Maßnahmen zur Berufsvorbereitung und sozialen Eingliederung, Sprachintensivkurse, Hauptschulabschlußkurse, außerbetriebliche Berufsausbildung, Sprachkurse).

Analysen über diese Zielgruppe sind zumeist verkürzt, wiederholen sich und bleiben in ihrer Knappheit oft oberflächlich.

Um diesem Dilemma einerseits aus dem Weg zu gehen, andererseits dem Lehrer aber die Möglichkeit zu eröffnen, sich intensiver mit Informationen über die und Problemen der Zielgruppe auseinanderzusetzen, haben wir folgende Literaturliste zusammengestellt:

Sozialisation

HOLTBRÜGGE, HEINER
Türkische Familien in der Bundesrepublik. Erziehungsvorstellungen und familiale Rollen- und Autoritätsstruktur. Sozialwissenschaftliche Kooperative, Duisburg 1975.

MERTENS, GABRIELE / AKPINAR, ÜNAL
Türkische Migrantenfamilien. Familienstrukturen in der Türkei und der Bundesrepublik. Bonn 1977: Verband der Initiativgruppen in der Ausländerarbeit (VIA), Theaterstr. 10, 5300 Bonn 1.

NEUMANN, URSULA
Erziehung ausländischer Kinder. Erziehungsziele und Bildungsvorstellungen in türkischen Arbeiterfamilien. Schwann Verlag, Düsseldorf 1980, 244 S.

SCHRADER, ACHIM/NICKLES, BRUNO/GRIESE, HARTMUT
Die zweite Generation. Sozialisation und Akkulturation ausländischer Kin-

der in der Bundesrepublik. Athenäum Taschenbuch Nr. 4063, Kronberg 1976.

RENNER, ERICH
Erziehungs- und Sozialisationsbedingungen türkischer Kinder. Ein Vergleich zwischen Deutschland und der Türkei. Rheinstetten 1975

URSULA NEUMANN u. a.: Türkische Kinder – Deutsche Lehrer. Düsseldorf 1977

WEISCHE-ALEXA, PIA
Sozial-kulturelle Probleme junger Türkinnen in der Bundesrepublik Deutschland, Köln 1980, 3. Auflage. Bezug: Weische-Alexa, Manderscheiderstr. 29, 5000 Köln 41

Ausländerrecht

HANS-HEINZ HELDMANN
Ausländerrecht – Alphabetischer Wegweiser Köln, 1980

Politische Ökonomie der Arbeitsemigration

JOCHEN BLASCHKE u. a.: Dritte Welt in Europa, Probleme der Arbeitsemigration, Frankfurt 1980

PAOLO CINANNI: Emigration und Arbeitereinheit. Zur politischen Problematik der »Gastarbeiter«.
Frankfurt/M., Cooperative Verlag 1979

MARIOS NIKOLINAKOS: Politische Ökonomie der Gastarbeiterfrage. Migration und Kapitalismus.
Reinbek 1973 (rororo 1581) (185 S.).,

ESSER, HARTMUT/GAUGLER, EDUARD/NEUMANN, KARL-HEINZ
Arbeitsemigration und Integration. Sozialwissenschaftliche Grundlagen. Materialien zur Arbeitsemigration und Ausländerbeschäftigung, Band 4, Königstein 1979, 360 S.

Sprachentwicklung – Deutschunterricht

JOHANNES MEYER-INGWERSEN u. a.: Zur Sprachentwicklung türkischer Schüler in der Bundesrepublik, Band 1 und 2, Kronberg, Scriptor 1977.

Jahrbuch für Lehrer 1979: Jürgen Humburg: Die öffentliche Diskussion um die Gastarbeiterkinder / Ich bin in Deutschland geboren, ich komme aus Jugoslawien / 2001. (rororo 7172)

MANFRED HOHMANN (Hrsg.): Unterricht mit ausländischen Kindern. Düsseldorf, Schwann ²1978.

HERMANN MÜLLER (Hrsg.): Ausländerkinder in deutschen Schulen. Stuttgart, Klett 1974

G. HANSEN / K. KLEMM (Hrsg.): Kinder ausländischer Arbeiter. Essen, Verlag Neue Deutsche Schule 1979 (191 S.)

Berufsausbildung

BOOS-NÜNNING, URSULA
Berufsfindung und Berufsausbildung ausländischer Jugendlicher. Die Darstellung der Schwierigkeiten und Empfehlungen zu ihrer Überwindung.

Berichte und Materialien der Forschungsgruppe ALFA, Heft 11. Neuss, 1978

Zeitschriften

- Deutsch lernen.
  Zeitschrift für den Sprachunterricht mit ausländischen Arbeitnehmern. Mainz, 1. Jahrg. 1976 ff. (Raimundisstr. 2, vrtlj., DM 16, –)

- Materialien zum Projektbereich ausländische Arbeiter.
  Hrsg. vom VIA (Verband der Initiativgruppe in der Ausländerarbeit, früher AGG, = Arbeitsgemeinschaft katholischer Studenten- und Hochschulgemeinden), 5300 Bonn, 1971 ff.

- Informationsdienst zur Ausländerarbeit.
  Hrsg. vom Institut für Sozialarbeit und Sozialpädagogik – Arbeitsbereich Ausländersozialarbeit –, 5300 Bonn, Weberstr. 33

- Berichte und Materialien der Forschungsstelle ALFA (Ausbildung von Lehrern für Ausländerkinder)

PH Rheinland Abt. Neuss, Forschungsstelle ALFA, Humboldstr. 2, 4040 Neuss.

- Ausländische Kinder in Kindergarten und Grundschule. Beilage zur Zeitschrift »Die Grundschule«, hrsg. vom Arbeitskreis Grundschule, Frankfurt 1980 ff.
- Neue Fachzeitschrift: Ausländerkinder – Forum für Schule und Sozialpädagogik.
Hrsg. von der Forschungsstelle ausländische Arbeiterkinder an der Pädagogischen Hochschule Freiburg, Kunzenweg 21, Freiburg 1980 ff. Vierteljährlich DM 14,–
- Informationsdienst der PAS

Sonstige Literatur

AKPINAR, ÜNAL et al.: Pädagogische Arbeit mit ausländischen Kindern und Jugendlichen, München 1977

PEA FRÖHLICH u. a.: Ausländerbuch für Inländer, Frankfurt 1980

EBERHARD SCHMITT u. a.: Türkei – Politik, Ökonomie, Kultur und praktische Reisetips, Reihe Roter Rucksack 1980

Projekt: Ausländer HSA: Übersetzungen der Türkischen Lehrpläne, Pädagogische Arbeitsstelle (PAS), Ffm 1980

LANGENOHL-WEYWE/WENNEKES/BENDIT/LOPEZ-BLASCO/AKPINAR/VINK
Zur Integration der Ausländer im Bildungsbereich. Probleme und Lösungsversuche. München, Juventa 1979

Zur didaktischen und methodischen Konzeption

Den Hintergrund für die dem Buch zugrunde liegende didaktische Konzeption bilden die ökonomischen, sozialen, rechtlichen und ausbildungsmäßigen Bedingungen, unter denen ausländische Jugendliche in einer für sie fremden Gesellschaft leben, über deren Sprache sie nicht oder nur unzureichend verfügen.

Davon ausgehend müssen Lernziele für den Deutschunterricht vor allem die doppelte Sozialisation der Jugendlichen im Herkunftsland und in der Bundesrepublik Deutschland, bzw. in der Familie und ihrer außerfamilialen Umwelt mit all ihren Implikationen für die Identität des einzelnen mitembeziehen.

Übergeordnetes Lernziel ist dabei die sprachliche und soziale Integration ausländischer Jugendlicher, die den Spracherlernungsprozeß als notwendiges – wenn auch nicht hinreichendes – Mittel zur Überwindung von Kommunikationsbarrieren als wesentliches Moment beinhaltet.

Für den Deutschunterricht mit ausländischen Jugendlichen leiten sich daraus weitere Lernziele ab:

– Erweiterung der sprachlichen Kompetenz muß eine Erweiterung der sozialen Kompetenz beinhalten

– Aufgreifen der spezifischen Vorerfahrungen der Zielgruppe, insbesondere ihrer Sozialisation und ihrer Lernvoraussetzungen

– Schwerpunktsetzung auf den pragmatischen Aspekt der Sprache: das Handeln in und mit der Sprache, und den diesen kommunikativen Handlungen zugrundeliegenden Sinnzusammenhängen und Interpretationen

– Verstehen und Durchschauen der sich von denen des Herkunftslandes unterscheidenden gesellschaftlichen Handlungsnormen und -werte

– Erkennen der eigenen Situation in ihrer gesellschaftlichen Bedingtheit und der Möglichkeiten ihrer Veränderung

– Einbeziehung der außerschulischen Erfahrungen, insbesondere des ungelenkten Spracherwerbs

– Vermittlung einer natürlichen, altersgemäßen Sprache, und zwar so differenziert, daß es den Jugendlichen ermöglicht, in für sie relevanten Situationen ihre Sprechintentionen nach einem von den Alltagsgesprächspartnern allgemein akzeptierten Code realisieren, Konflikte ihren Bedürfnissen gemäß austragen und ihre Interessen erfolgreich vertreten zu können.

Zum Aufbau des Buches.

1. Allgemein

Unser Ziel, die jugendlichen Lerner zu befähigen, in sozialen Situationszusammenhängen auf sprachlicher und nichtsprachlicher Ebene angemessen reagieren zu können, bestimmt die Setzung von Schwerpunkten im Buch und dessen Aufbau.

Eine wichtige Komponente dabei ist das reichhaltige Informationsangebot, das Grundvoraussetzung ist, sich zurechtzufinden und sich in Auseinandersetzungen zu behaupten. Da aber selbst das reichhaltigste Informationsangebot nicht alle Bereiche abdecken kann, sind durchgängig durch das Buch Anregungen und Hilfen gegeben, wie sich die Jugendlichen selbständig notwendige Informationen beschaffen können.

In den Dialogen der A- und B-Teile werden sehr häufig konflikthafte Situationen dargestellt, die anregen sollen zur Auseinandersetzung mit und Stellungnahme zu bestimmten Themen. Der Schwerpunkt liegt hier vor allem auf dem Verstehen der verschiedenen Aspekte einer Handlung. So sollen die Jugendlichen z. B. genau erkennen können, welche Form der sprachlichen Äußerung eines Beamten in einer Behörde höfliche Distanz, Freundlichkeit oder feindliche Ablehnung ausdrückt.

In den Übungen werden dann die verschiedenen Verhaltensmöglichkeiten variiert, und zwar so, daß die Jugendlichen vom sehr »passiven« Verstehen zum aktiven (Sprach-)Handeln kommen. Besondere Bedeutung bekommt dabei die Bandbreite möglicher Verhaltensformen, die vorgestellt werden sollen, damit die Jugendlichen befähigt werden, in Situationen außerhalb des Kurses auch wirklich angemessen reagieren zu können. Eine wichtige Rolle nimmt hier der Lehrer ein: Er sollte anregen und helfen, die Palette der verschiedenen Möglichkeiten des Handelns zu erweitern, indem er Erfahrungen der Jugendlichen mit einbezieht oder selbst Erweiterungen in den Unterricht einbringt. Das heißt aber andererseits auch, daß eine »Zensur« möglicher Handlungen von seiner Seite nicht vorgenommen werden darf, um nicht Gefahr zu laufen, reale Handlungen für die Jugendlichen im Unterricht unerfahrbar und damit unbewältigbar zu machen. Ein Beispiel: Wenn in einer Übung des Buches eine drastische Reaktion wie »Du spinnst wohl!« oder »Hau ab!« vorgesehen ist, dann sollte der Lehrer diese Reaktionsmöglichkeit nicht aus dem Unterricht aussparen, mit dem Hinweis, dies wäre unhöflich oder kein gutes Benehmen. Durch ein solches Verhalten des Lehrers wird u. E. der Jugendliche eines wesentlichen Bereichs möglicher Selbstbehauptung beraubt, wenn er nicht unter anderen Alternativen des Verhaltens auch die Möglichkeit lernt, auf einen groben Klotz auch einen groben Keil zu setzen.

Inhaltliche Konzeption

Für die Herstellung des Themenkatalogs und seiner inhaltlichen Realisierung haben die übergeordneten Lernziele einen wichtigen Leitfaden abgegeben. Schwerpunkte bilden reale Sprechanlässe in unterschiedlichen Arbeits- und Lebensbereichen (vgl. dazu die Synopse auf den Seiten 21–29). Setzt die oben geforderte Integration den Anspruch, hierfür geeignete Inhalte auszuwählen, so ist es nicht damit getan, ein für die Adressaten relevantes Thema in einen von grammatischen und lexikalischen Kriterien bestimmten Text zu pressen. Wir sind vielmehr davon ausgegangen, daß ein Thema in möglichst differenzierter Weise vorgestellt werden muß unter Berücksichtigung der unterschiedlichen Aspekte und Varianten, die auch in der Wirklichkeit vorkommen. Das heißt, daß zu einem Thema mehrere Texte bereitgestellt werden, die unterschiedliche Konkretisierungen von Sprechintentionen verarbeiten, ein gewisses Spektrum liefern in situations- und rollenspezifischen Kommunikationsmustern.

Wir bieten in den Texten des Programms durchgängig vielfältige Interaktionsstrategien an, die diesen Situations- und Rollenunterschieden entsprechen. Dabei werden keine Verhaltensrezepte geliefert, sondern Alternativen zur Diskussion gestellt.

Weiterhin mußte bei der Textpräsentation auch inhaltlich der Verschiedenartigkeit der Lerngruppen und ihrer motivationalen Ausgangslage Rechnung getragen werden. Kursteilnehmer mit unterschiedlichen Lernvoraussetzungen, mit unterschiedlichem Vorwissensstand und divergierenden Zielvorstellungen (z. B. was Abschlüsse angeht) sollen gleichermaßen im Sprachprogramm an Texten arbeiten, deren inhaltliche Relevanz sie erkennen können. Voraussetzung dafür ist, daß Texte unterschiedlicher und progressiver Komplexität angeboten werden, damit keine Lerngruppe im Unterricht über- oder unterfordert wird und vor allem die Möglichkeit hat, das Erlernte sofort in der Praxis anzuwenden. Die schnelle Transfermöglichkeit ist wesentliche Bedingung für das selbständige Weiterlernen und einen dauerhaften Lernerfolg.

Sprache, Grammatik und Lexis

Für die Sprache und die grammatische und lexikalische Progression des Programms gelten im Prinzip die oben für die inhaltliche Konzeption genannten Kriterien und Ziele.

Sprache soll so differenziert vermittelt werden, daß Jugendlichen nicht nur die Sprechsituationen, sondern auch die schicht- und rollen- und altersspezifischen Sprechgewohnheiten und Haltungen der Gesprächspartner in dieser Situation berücksichtigen können.

Eine ablehnende Haltung in einer Situation mit den Behörden verlangt eine andere sprachliche Reaktion als im Betrieb, und die Ablehnung einer unverschämten Aufforderung wird wieder anders formuliert, als wenn es sich um eine höfliche Bitte handelt.

Die Lerner sollen situationsadäquate Kommunikationsmuster so beherrschen, daß sie bei ihren Gesprächspartnern den gewünschten Effekt erzielen können und sich durch die Verwendung eines unpassenden Codes nicht selbst schaden.

Sprechintentionen werden deshalb in den A- und B-Teilen der Lektionen in unterschiedlichen sprachlichen Varianten realisiert. Diese Varianten werden in den D-Teilen nochmals gesondert geübt, damit der Lernende die Sicherheit erlangt, sie wirklich situationsbezogen einzusetzen. Maßstab der verwendeten Sprache muß dabei logischerweise der deutsche Gesprächspartner sein.

Neben den Grundfertigkeiten der mündlichen Kommunikation: Verstehen und Sprechen, auf deren umgangssprachlicher Ausformung der Schwer-punkt liegt, verfolgt das vorliegende Programm auch das Ziel, den Lernenden Aspekte der Schriftsprache zu vermitteln. Hierbei geht es primär um die Erarbeitung von Leseverstehen (Zeitungen, Zeitschriften, Arbeits-, Miet-, Kaufverträge, Anzeigen) und den Umgang mit Behörden (Antragsformulare usw.) → siehe Arbeitsbuch. Daneben wird die schriftliche Produktion von leichteren Texten geübt, wie z. B.: schriftliche Auskünfte geben, Bewerbung, Lebenslauf, Brief usw.

Progression: Texte

Bei jedem Sprachprogramm, das sich an nach Vorwissen und Lernvoraussetzungen unterschiedliche Lerngruppen* richtet, ist die Frage, wie die grammatische und lexikalische Progression zu organisieren ist, ein delikates Problem.

Die Progression muß bestimmt sein von der Möglichkeit der jeweiligen Lerngruppe, im Kurs neu erarbeitete Strukturen unmittelbar in der Praxis zu verwenden, bzw. vorhandenes Vorwissen im Kurs zu erweitern und diesen erweiterten Sprachhorizont wiederum sofort umzusetzen.

Im vorliegenden Sprachprogramm sind die Texte und die Strukturübungen so angelegt, daß der Lernfähigkeit und dem Vorwissensstand der Lerngruppen entsprechende Progressionsstufen gewählt werden können, d. h.: die „Steilheit" des Lernprozesses kann kursorganisatorisch, lernökonomischen und motivationsbestimmten Kriterien angepaßt werden.

Zu ein und demselben Thema stehen Texte und Übungen unterschiedlichen Niveaus und unterschiedlicher Komplexität zur Auswahl. Für Nullanfänger ist somit ein anderes Curriculum (aus den Themenbereichen werden in erster Linie die A-Teile aktiv erarbeitet, komplizierterte Idiomatik wird passiv beherrscht) möglich, als für Lernende mit Vorkenntnissen.

---

* Sprachhomogene oder -heterogene Kurse, Kurse mit sogenannten Nullanfängern oder mit Kursteilnehmern mit z. T. sehr weitgehenden Vorkenntnissen, Kurse, die auf das Zertifikat Deutsch als Fremdsprache hinarbeiten oder Kurse, die diesen Anspruch nicht haben usw.

(hier werden zusätzlich bzw. überwiegend die B-Teile herangezogen und Strukturen, Lexis und Idiomatik je nach Vorkenntnisstand mehr oder weniger aktiviert).

Wesentliche Überlegung bei der Herstellung der Texte, die, was den Schwierigkeitsgrad angeht, mitunter als gewagt erscheinen könnten, war die Unterscheidung zwischen aktiver und passiver Erarbeitung des Sprachmaterials. Die Erfahrung zeigt nämlich, daß viele der hier lebenden Ausländer viel mehr verstehen, als sie ausdrücken können. Wir wollen hier keine Binsenweisheiten verbreiten, wenn es aber nun ein Ziel ist, das grammatische Vorwissen zu strukturieren, um es kommunikativ verfügbar zu machen, so kann das nicht nur mit Texten und Übungen geschehen, die weit unter dem Verständnisniveau des Lernenden liegen (Motivationsschwund!), sondern es muß gleichfalls ein Ziel sein, den Verständnishorizont zu erweitern und bewußtzumachen, daß eine differenzierte Ausdrucksweise nicht außerhalb der Reichweite des Lernenden liegt. Der Kursleiter hat dabei die sehr wichtige Aufgabe, Frustrationen vorzubeugen, die daraus resultieren könnten, daß der Adressatengruppe zugemutet wird, unangemessen schwierige Texte und Strukturen zu aktivieren. Er muß in diesem Fall auf ein solches Unterfangen verzichten und den Lernprozeß transparent machen, indem er darauf hinweist, daß manche Texte und Strukturen zum jetzigen Zeitpunkt noch nicht aktiviert werden können, daß aber später auf sie zurückgegriffen wird.

Progression: Grammatik

Die grammatische Progression ist konzentrisch angelegt. Je nach Kommunikationsrelevanz werden schwerpunktmäßig Strukturen aus den Texten der A- und B-Teile in Übungen unterschiedlicher Komplexität aktiviert. Im Verlauf der Erarbeitung der Lektionen werden so nach und nach die grammatischen Teilbereiche erschlossen und in »Signalgrammatik« überschriebenen Teilen als vervollständigtes grammatisches Paradigma dargestellt. Die weiter oben beschriebene Differenziertheit der Texte erlaubt auch in der Frage der Grammatikarbeit ein Eingehen auf die Lernvoraussetzungen und die Interessenlage der Lerngruppen.

Die Entscheidung, inwieweit grammatische Begrifflichkeit eingebracht werden soll, liegt beim Kursleiter. Kriterium dafür muß die Überlegung sein, daß so sehr grammatische Begriffe den Lernprozeß für Kursteilnehmer mit Voraussetzungen wie Lernerfahrung und entsprechenden Kenntnissen in der Muttersprache oder in einer Zweitsprache ökonomischer gestalten und vereinfachen, sie sich bei Teilnehmern ohne solche Kenntnisse als demotivierende Barriere auswirken können.

Unser Programm erhebt keineswegs den Anspruch, eine grammatische Darstellung für den Kursleiter zu ersetzen, deren Benutzung sich zunächst besonders für die empfiehlt, die neu in das Geschäft des Deutschunterrichts für Ausländer sind und sich mit der grammatischen Regelhaftigkeit der eigenen Sprache »neu« vertraut machen müssen.

Eine Einarbeitung in die deutsche Grammatik im Zusammenhang mit den Hinweisen zu den einzelnen Lektionen ist die Voraussetzung für ein stringentes methodisches Vorgehen, das abzielt auf die **bewußte**, d. h. nicht allein imitative Vermittlung des Regelsystems der deutschen Sprache.

Es bleibt in diesem Kontext die Forderung nach einer umfassenden Aus- und Fortbildung der Kursleiter, denn trotz noch so vieler Hinweise und Anregungen kann ein Lehrwerk den qualifizierten Kursleiter nicht ersetzen.

Phonetik

Die phonetisch korrekte Realisierung von gesprochener Sprache ist wichtige Voraussetzung für das Funktionieren von Kommunikation. Wir haben trotzdem auf einen phonetischen Vorkurs oder gezielte phonetische Übungen verzichtet, weil gerade Phonetik kontrastiv zur Muttersprache der Lernenden geübt werden müßte, unser Programm aber im Hinblick auf die anvisierten sprachheterogenen Zielgruppen nicht kontrastiv angelegt sein kann.

Wir meinen dagegen, daß phonetische Probleme einmal aufgefangen werden durch intensive mit Tonträgern unterstützte Nachsprechphasen im Anfangsunterricht und zum anderen durch die Tatsache, daß die meisten Lernenden ja in deutschsprachigen Ländern leben und arbeiten und so ständig mit gesprochenem Deutsch konfrontiert sind.

Die Kenntnis der Internationalen Lautumschrift ist ein nützliches Instrument bei der Benutzung von Wörterbüchern, wenn die Zielsprache nicht im Land selbst erlernt wird, wäre aber in unserem günstigeren Fall zunächst einmal Ballast, der den Lernfortschritt verlangsamt.

Methodische Flexibilität

Damit der Lernprozeß optimal auf die Adressatengruppen abgestimmt werden kann, muß der inhaltlichen Vielfalt des Programmes auch weitestgehende methodische Flexibilität entsprechen.

Durch die optische Aufbereitung der Lektionen mit einer Vielzahl von Bildern und die übersichtliche Anordnung der Dialoge und Übungen wird einer einsprachigen Erschließung und Verarbeitung des Stoffes eine wesentliche Hilfe gegeben.

Zwar wird im sprachheterogenen Kurs heutzutage schon wieder als traditionell anzusehende »Einsprachigkeit«, was Texteinführung (Lexis/Strukturen) anbetrifft, vorherrschende Form der Vermittlung sein, jedoch sollte der Kursleiter sich nicht scheuen, die Glossare benutzen zu lassen, wenn sich die eine oder andere einsprachige Erklärung als unökonomisch erweist. Der Kursleiter als Kleinkünstler kann vielleicht zur Auflockerung des Unterrichtsgeschehens beitragen, bleibt aber manchmal doch ineffektiv, weil mehrdeutig.

Wir haben versucht, durch ein breites Spektrum von Übungstypen und Transfers ein Angebot zur Verfügung zu stellen, das dem Kursleiter die Möglichkeit gibt, die Motivation der Lernenden zu fördern und zu erhalten, indem dem Verlangen nach systematischer Aufarbeitung idiomatischer Strukturen im gelenkten bis freien Gespräch Rechnung getragen wird.

In diesem Kontext sind besonders die visuellen und akustischen Medien, die Folien, Dias, Bildkarten, Tonbänder und Cassetten zu erwähnen, die den Lernprozeß auflockern und erleichtern und dabei unterschiedlichen kursorganisatorischen Bedingungen entgegenkommen.

Aufbau einer Lektion

A Vorspann
   Situationsdialoge
B Erweiterung von Teil A
   Zusätzliche Informationen
C Zusammenstellung der wichtigsten Strukturen aus Teil A und B
D Übungen
E Signalgrammatik

A Vorspann

Die neuen grammatischen Strukturen, die für die Lektion relevant sind, werden gleichzeitig als Dialog und als Beschreibung einer Situation eingeführt.

Der Vorspann hat Signalcharakter; er ist das erste, passive Moment der Sprachaufnahme. In mehreren Schritten führt er zu dem anschließenden Situationsdialog hin.

Situationsdialoge

Die Kursteilnehmer hören sich in den Text ein; die Zeichnungen – die auch als Diapositive und Folien vorliegen – sind als Semantisierungshilfe gedacht.

Auf die grammatischen Strukturen und das Vokabular wird nach und nach sowohl im Zusammenhang eines kurzen Dialogs als auch in einem knappen beschreibenden Text vorbereitet, so daß die Kursteilnehmer hier schon die wichtigsten sinntragenden Wörter und die grammatischen Phänomene des Situationsdialogs kennenlernen.

Dadurch wird die Motivation der Lernenden stimuliert und die Einführung einer neuen Unterrichtseinheit erleichtert.

Die Situation, die im Vorspann in ihren Schlüsselstrukturen und in ihrer Lexik skizziert wurde, wird hier im Zusammenhang ausgeführt.

Mit dem Situationsdialog wird die Phase der aktiven Spracharbeitung eingeleitet. Ziel dieses Teils ist, daß die Kursteilnehmer lernen, sprachliche Zusammenhänge in ihrer Komplexität zu erfassen und grammatische Strukturen situationsbezogen anzuwenden.

Die Dialoge haben die Funktion, bei den Kursteilnehmern Assoziationen hervorzurufen, die an ihre eigenen Kommunikationserfahrungen anknüpfen. Für Anfänger bedeutet dies, daß sie Situationen, denen sie bisher ohne Verständigungsmöglichkeiten gegenüberstanden, wiedererkennen und sprachlich bewältigen lernen.

Kriterium für die Auswahl der Situationen ist deren Realitätsbezug; Kriterium für ihren Aufbau die dadurch bedingte Natürlichkeit der Sprache. Basis und Ausgangspunkt für die Aneignung der neuen Sprache sind die Lebenssituationen der Ausländer in der Bundesrepublik Deutschland. Sprachliche Handlungskompetenz ist die Voraussetzung für ein Agieren und Reagieren in der neuen Umwelt.

Um die Situation verbal zu realisieren, steht nicht die Grammatik im Vordergrund, sondern der Inhalt; der Dialog soll nicht zum Vehikel der Grammatikvermittlung degradiert werden. Auswahl und Aufbau der Dialoge richten sich nach der Relevanz des Kommunikationsanlasses, der wiederum der Anwendung spezifischer grammatischer Strukturen verlangt.

Da die realitätsbezogene Kommunikation Priorität hat, werden auch Formulierungen berücksichtigt, die für das Gespräch unentbehrlich sind, aber in der Lektion noch nicht systematisch erarbeitet werden.

B Erweiterung von Teil A

Während in Teil A die Funktion von Sprache in einer konkreten Situation komplex dargestellt wird, erscheinen in Teil B Strukturen und Vokabeln, die – eingebettet in Sprachintentionsmuster – durch Assoziation und Kontrastierung mit dem im Situationstext erarbeitetem Sprachmaterial eingeführt und aktiviert werden.

Paradigmata, die in Teil A im Kommunikationszusammenhang auftauchen, werden erweitert und vervollständigt; morphologische Varianten zu den aus Teil A bekannten Grundstrukturen werden auf der Basis von Analogien bewußtgemacht; es wird gezeigt, wie sich je nach Sprechanlaß die Sprachebene ändert und daher die Anwendung unterschiedlicher Codes erforderlich ist.

Teil B ergänzt Teil A und leitet zum Übungsteil D über, indem er ein gegenüber dem Situationsdialog erweitertes grammatisches Potential bietet. Die Variationsbreite der Übungen wird dadurch vergrößert, die Motivation der Kursteilnehmer, auf der Grundlage einer vorgegebenen Situation die geeigneten Sprachelemente zu kombinieren, wird dadurch gefördert.

Zusätzliche Informationen

Die Informationen stellen eine inhaltliche Erweiterung dar, die das Thema der Lektion in einen direkten und aktuellen Bezug zur Realität der Bundesrepublik Deutschland stellen.

Die Tatsache, daß die Sprache im Zielland gelernt wird, ist integrierender Bestandteil unseres Unterrichtsprogramms. Der Informationsteil soll dem Rechnung tragen.

In den Massenmedien, auf Anschlagtafeln und auf Litfaßsäulen Gehörtes und Gesehenes, nur vage Verstandenes und kaum bewußt Gewordenes wird hier mit diesem Teil der Lektion vertraut gemacht. Die Beschäftigung mit diesem Teil der Lektion soll dazu beitragen, die Lernenden zu befähigen, sich zu orientieren, wichtige Impulse von außen, Hinweise und Informationen in ihre Sprachkompetenz zu integrieren, sich schließlich aktiv in ihrer Umwelt zu betätigen.

C Zusammenstellung der wichtigsten Strukturen aus Teil A und B

Die wichtigsten neuen grammatischen Strukturen, die in Teil A und B im kontextualen Zusammenhang vorgekommen sind, werden so zusammengestellt präsentiert, daß die Lernenden sie kognitiv erkennen und erfassen können.

Die Darstellung der Strukturen erfüllt außerdem die Funktion der Orientierung für Kursleiter und Kursteilnehmer. Sie hilft dem Kursleiter, sich zu informieren, welche Strukturen in den jeweiligen Lektionen aktiviert werden sollen. Den Kursteilnehmern wird die Regelhaftigkeit des zu Lernenden transparent.

D Übungen

Der Übungsteil wurde so konzipiert, daß eine Vielfalt an methodischen Varianten zur Verfügung steht, mit denen sich die grammatischen Grundstrukturen in immer wieder neuen und stimulierenden Zusammensetzungen und Situationen durchspielen lassen.

Jede Einseitigkeit wurde bewußt vermieden, jede Ausschließlichkeit der Methodik ausgeschaltet. Vielmehr wurde versucht, eine breite Skala von Übungsmöglichkeiten anzulegen, die — unter Berücksichtigung lernpsychologischer Erkenntnisse — die Elemente verschiedener Methoden miteinander verbindet.

Strukturübungen nach dem Stimulus-Respons-Modell sind vorgesehen, jedoch so konzipiert, daß dem Kursleiter Spielraum bleibt, spontane Äußerungen der Kursteilnehmer und Ergänzungen, die sich aus der aktueller Situation ergeben, in den Übungsteil einzubeziehen.

Eine wesentliche Rolle kommt den **Sprechintentionsübungen** zu: Vorgegeben werden knapp skizzierte Situationen, die eine Aufforderung an den Lernenden enthalten, die schon eingeschliffenen verbalen Realisierungen der Sprechabsicht situativ und registermäßig adäquat anzuwenden.

Muster für Rollenspiele sollen dazu anregen, das Gelernte in fiktiven Situationen über zu **Transfer-Modellen**, mit der Intention, die Teilnehmer über die Kursituation hinaus in die Lage zu versetzen, sich in ihrer Umgebung sprachlich zu behaupten, und das, was sie gelernt haben, in der Realsituation anzuwenden. Das Material des Informationsteils B sollte hier auf organische Weise angewandt werden.

Die Form des **Gelenkten Gesprächs** eröffnet weitere Möglichkeiten, die neuen Strukturen in situationsgerechte Kommunikationsmuster einzubringen. Dadurch wird der Übergang zum **Freien Gespräch** vorbereitet, in dem die Kursteilnehmer sich über die direkt betreffenden Themen unterhalten, ohne sich durch die Lernsituation reguliert zu fühlen.

Eine Situation, die durch einen knappen Text beschrieben wird, in einen Dialog umzusetzen, ist eine weitere Aufgabe, die in diesem Teil geübt wird. Ebenso sollte gelernt werden, Situationen erzählend wiederzugeben.

Ansätze zum Einüben in **Lese- und Hörverständnis** sind im Grundbuch vorhanden, die eigentlichen Übungsmodelle zum Lesen, Hören und Schreiben finden sich jedoch in erster Linie im begleitenden Arbeitsheft.

E Signalgrammatik

Dieser Abschnitt ist nicht Bestandteil jeder Lektion, sondern wird immer dann als Präsentation eines syntaktischen beziehungsweise morphologischen Paradigmas in seiner Vollständigkeit angefügt, wenn ein grammatische Phänomen im Sinne der konzentrischen Progression durch mehrere Lektionen hindurch behandelt wurde.

Die Darstellung des vollständigen Paradigmas wird erst möglich, wenn es den Lernenden in seinen unterschiedlichen Ausprägungen bekannt gemacht worden ist: Auf diese Weise erfüllt die Signalgrammatik die Funktion, den grammatischen Stoff — der mehrere Lektionen miteinander verbindet — in der Form eines Rasters aufzuzeigen.

Wichtig für Lehrer und Lerner

1. Allgemeines

Jugendliche, das sind alle Jungen und Mädchen zwischen 14 und unter 18 Jahren. Man kann z. B. als 14jähriger vom Gericht bestraft werden (Jugendstrafe), gilt aber noch nicht als vorbestraft. Mit 16 Jahren bekommen deutsche Jugendliche einen Paß. Wenn man 18 Jahre alt ist, ist man volljährig und kann Verträge unterschreiben, Führerschein Klasse III machen, eine Wohnung mieten und heiraten. Mit 21 Jahren wird man dann auch bestraft wie ein Erwachsener und gilt danach als vorbestraft.

Alle Jugendlichen stehen unter besonderem gesetzlichen Schutz, z. B. das Jugendschutzgesetz (unter anderem Verbot von Alkoholgenuß unter 18 Jahren, und wie lange man alleine weggehen darf) oder das Jugendarbeitsschutzgesetz für den Arbeits- und Ausbildungsbereich. Das sind Bestimmungen, die für alle Jugendlichen gelten, die in der Bundesrepublik Deutschland leben. Darüber hinaus gilt für ausländische Jugendliche das Ausländergesetz. Es regelt die Aufenthaltserlaubnis, die Bedingungen, unter denen man in der Bundesrepublik Deutschland leben darf und die Möglichkeiten, am deutschen Schul- und Ausbildungssystem teilzunehmen.

2. Aufenthaltsrechtliche Bestimmungen für jugendliche Ausländer

Nachdem am 1. 4. 1979 die sogenannte „Stichtagsregelung" aufgehoben wurde gilt die sogenannte „Wartezeitregelung". Für alle Jugendlichen, die im Rahmen der Familienzusammenführung vor Vollendung ihres 18. Lebensjahres in die Bundesrepublik Deutschland eingereist sind, gilt folgende Regelung: Alle jugendlichen Ausländer bekommen eine Arbeitserlaubnis nach 2 Jahren Wartezeit. Diese Wartezeit kann sich verkürzen, wenn der Jugendliche an einer berufsvorbereitenden Maßnahme des Arbeitsamtes teilnimmt; z. Zt. sind das die „Maßnahmen zur Berufsvorbereitung und sozialen Eingliederung" (MBSE). Sie dauern ein Jahr. Wenn man den Abschluß nachweisen kann, kann im Anschluß eine Arbeitsgenehmigung erteilt werden.

Wenn man an einer entsprechenden Maßnahme teilnimmt, so ist dies im Hinblick auf die Wartezeitregelung auch für den Erhalt einer Arbeitserlaubnis von Bedeutung. Ziel einer solchen Maßnahme ist die Verbesserung der Aufnahme eines Ausbildungsverhältnisses, wobei sich aber kein Anspruch auf eine betriebliche Berufsausbildung ableitet. Leider wird das nicht generell der Fall sein, weil dies von der öffentlichen Arbeitsmarktlage abhängig gemacht wird. Die Aufenthaltsdauer der Eltern ist nicht entscheidend. Es sei noch angefügt, daß mit dem sogenannten „Kühn-Memorandum" verstärkt die Möglichkeit diskutiert wird, ausländischen Jugendlichen, die in der Bundesrepublik Deutschland geboren sind oder den größten Teil ihrer schulischen Ausbildung hier absolviert haben, die Erteilung der deutschen Staatsangehörigkeit zu erleichtern.

3. Berufsschule

Wer muß in eine Berufsschule gehen?
- alle Jugendlichen, die eine Berufsausbildung machen,
- alle Jugendlichen, die als Arbeiter in einem Betrieb arbeiten und nicht von der Berufsschulpflicht befreit sind,
- alle Jugendlichen, die unter 18 Jahre alt sind, auch wenn sie weder einen Ausbildungsplatz, noch einen Arbeitsplatz gefunden haben.

Man muß vom Betrieb für die Berufsschule befreit werden, denn Berufsschulpflicht gilt als Arbeitszeit. Mest findet der Unterricht an einem Tag in der Woche statt. Die Jugendlichen, die arbeiten, sind nicht verpflichtet, nach der Berufsschule noch in den Betrieb zu gehen. Die Berufsschule ist Pflicht und kann nicht bestraft werden, wenn man nicht hingeht (Bußgeld). In Ausnahmefällen, wenn man z. B. eine Arbeit deshalb nicht bekommt, weil man noch in die Berufsschule geht, kann ein Antrag auf „Berufsschulbefreiung" gestellt werden. Den Antrag nimmt die zuständige Berufsschule entgegen.

4. Berufsgrundbildungsjahr

Hier werden Jugendliche im Anschluß an ihre gesetzliche Schulpflicht für ein Jahr in einem Berufsbereich ausgebildet, und zwar in einer Berufsschule. Der Jugendliche erlernt die Fachtheorie und die Fachpraxis für ein bestimmtes Berufsfeld (z. B. Holztechnik). Das Berufsgrundbildungsjahr wird auf die Ausbildungszeit in einem Betrieb angerechnet, d. h. die Ausbildung im Betrieb ist dann kürzer. Die Teilnahme kann über das Berufsausbildungsförderungsgesetz (BaföG) gefördert werden. Ausländische Jugendliche müssen eine deutsche Realschule besucht haben.

5. Berufsvorbereitungsjahr

Hier werden die Jugendlichen, die keine Ausbildung nach ihrer 9jährigen Schulzeit aufnehmen konnten, auf das Berufs- und Arbeitsleben vorbereitet (10. Pflichtschuljahr). Sie lernen zwei Berufsbereiche praktisch und theoretisch kennen, um die Berufswahl zu erleichtern. Auch dieses Jahr kann über das Berufsausbildungsförderungsgesetz gefördert werden, hat jedoch keinerlei Auswirkungen auf eine sich anschließende Ausbildungsdauer. Ausländische Jugendliche müssen die deutsche Regelschule besucht haben. Anmeldungen nehmen die jeweiligen allgemeinbildenden Schulen an. Die Durchführung übernehmen die Berufsschulen.

6. Sprachintensivkurse

Vom Sprachverband Deutsch für ausländische Arbeitnehmer e. V., Raimundistraße 2, 6500 Mainz 1, Telefon (0 61 31) 67 90 21-22-23, werden **Intensivsprachkurse** für Jugendliche im Alter von 15 bis 20 Jahren gefördert. Diese Kurse haben eine Dauer von 3 – 4 Monaten bei einer Wochenstundenzahl von mindestens 10 bis höchstens 20 Unterrichtsstunden (à 45 Minuten). Die Teilnahme am Kurs und das Unterrichtsmaterial ist für die Jugendlichen kostenlos. Nähere Auskünfte sind bei der Träger, z. B. Volkshochschulen zu erfragen. (siehe auch Adressenliste im Anhang)

7. Berufsvorbereitende Maßnahmen des Arbeitsamtes

a) *MBSE »Maßnahmen zur Berufsvorbereitung und sozialen Eingliederung junger Ausländer«*

Wer kann teilnehmen?

Voraussetzung an der Teilnahme einer entsprechenden Maßnahme ist, daß zu Beginn des Lehrganges

- die jungen Ausländer sich berechtigt in der Bundesrepublik Deutschland aufhalten,
- die jungen Ausländer nicht mehr der gesetzlichen Vollzeitschulpflicht in der Bundesrepublik Deutschland unterliegen oder davon befreit sind,
- die jungen Ausländer unter angemessener Berücksichtigung ihrer individuellen und sozialen Situation und ihrer deutschen Sprachkenntnisse nicht in der Lage sind, erfolgversprechend eine angemessene Berufsausbildung zu absolvieren oder an anderen berufsvorbereitenden Maßnahmen (z. B. Grundausbildungslehrgang, Förderungslehrgang) teilzunehmen,
- für die jungen Ausländer spezifische Angebote seitens des allgemein- und des berufsbildenden Schulwesens nicht oder nicht ausreichend zur Verfügung stehen,
- die jungen Ausländer die Förderungsvoraussetzungen nach dem Arbeitsförderungsgesetz erfüllen.

Was wird in diesen Kursen gemacht?

Man lernt hier Deutsch – und das ist sehr wichtig. Außerdem kann man 3 Berufsbereiche kennenlernen, indem man praktisch in Werkstätten arbeitet und das dazugehörige Fachwissen lernt. Darüber hinaus erfährt man alles, was man braucht, um sich besser zurechtzufinden. Neben den Lehrern gibt es noch besondere Betreuer, die den Jugendlichen bei allen Problemen ratend und helfend zur Seite stehen.

Die Kurse dauern 1 Jahr und sind kostenlos. Sie werden über das Arbeitsamt finanziert. Die Teilnehmer erhalten finanzielle Förderung nach dem Arbeitsförderungsgesetz (AFG).

Die Adressen der Einrichtungen, die solche Kurse durchführen, bekommen Sie von Ihrem Arbeitsamt. Dort können Sie sich auch näher informieren lassen und für einen Kurs anmelden.

b) Grundausbildungslehrgänge

Grundausbildungslehrgänge sind für alle Jugendlichen mit ausreichenden Deutschkenntnissen, die nach dem 9. Schuljahr keine Ausbildung beginnen konnten und in einem Berufsgrundbildungsjahr oder Berufsvorbereitungsjahr (oder einem 10. Schuljahr in einer allgemeinbildenden Schule) keinen Platz gefunden haben. In einem Grundausbildungslehrgang werden die Jugendlichen in einem Bereich, z. B. Metall, Bürotechnik, Malen und Gestalten, für eine spätere Tätigkeit vorbereitet. Ziel ist es, nach Beendigung einen Ausbildungs- oder Arbeitsplatz zu finden. Außerdem werden die Fächer der Allgemeinbildung angeboten. In Ausnahmefällen wird auf den Hauptschulabschluß vorbereitet.

Die Teilnahme sowie alle Auskünfte regeln die örtlichen Arbeitsämter.

c) Förderungslehrgänge

Förderungslehrgänge sind für Jugendliche mit ausreichenden Deutschkenntnissen, die noch nicht in eine Berufsausbildung zu vermitteln sind. In einem Förderungslehrgang lernt man bis zu 5 verschiedene Berufsbereiche kennen, um seine Fähigkeiten und Interessen besser kennenzulernen. Nach Beendigung soll sich eine Ausbildung anschließen.

d) Eingliederungslehrgänge

Für **behinderte** Jugendliche mit ausreichenden deutschen Sprachkenntnissen, die nicht in eine Arbeitsstelle vermittelt werden konnten. In einem Eingliederungslehrgang lernt man einen Berufsbereich kennen, z. B. Textil, Metall, Bau. Nach Beendigung soll die Vermittlung in eine Arbeitsstelle möglich sein. Evtl. kann noch ein Förderungslehrgang angehängt werden.

8. Hauptschulabschlußkurse.

Nachträgliche Erlangung eines Bildungsabschlusses. Die Chancen auf dem Arbeits- und Ausbildungsmarkt werden beeinflußt durch den Bildungsabschluß, den man erreicht hat. Möglichkeiten zur nachträglichen Erlangung des Hauptschulabschlusses ergeben sich durch

– die Verlängerung der Vollzeitschulpflicht auf Antrag um ein Jahr,
– den Besuch des Berufsvorbereitungsjahres,
– den Besuch eines Vorbereitungslehrganges an der Volkshochschule, der mit einer Prüfung endet,
– den erfolgreichen Abschluß der Berufsschule, sofern der Jugendliche die Erfüllung der 9jährigen Vollzeitschulpflicht und mindestens das Abgangszeugnis der Klasse 8 einer Hauptschule, einer Realschule, eines Gymnasiums oder einer Schule für Lernbehinderte (Sonderschule) nachweisen kann.

Und wo? Erkundigen Sie sich bei den Volkshochschulen oder Beratungsstellen für ausländische und arbeitslose Jugendliche.

9. Umschulungslehrgänge.

Für einen Umschulungslehrgang kommt derjenige in Frage, der in den letzten 3 Jahren 2 Jahre in der Bundesrepublik legal gearbeitet hat. Der Kurs endet in der Regel mit einer Abschlußprüfung. Er wird über das Arbeitsförderungsgesetz (AFG) gefördert und dauert 1½ bis 3 Jahre. Die Teilnehmer erhalten ein Unterhaltsgeld für die Bestreitung des Lebensunterhalts sowie die Erstattung der Kosten für die Ausbildung, Fahrtkostenerstattung und wenn notwendig, eine Pauschale für auswärtige Unterbringung und Verpflegung. Ausländer müssen gute Sprachkenntnisse haben. Einige Kursträger bieten zusätzlich Sprachintensivkurse an. Auskünfte und Vermittlung über das örtliche Arbeitsamt.

10. Ausbildungsbeihilfen.

a) Das Bundesausbildungsförderungsgesetz (BaföG) gilt für alle schulischen Angebote wie: – 10. Schuljahr, – Berufsgrundbildungsjahr, – Berufsvorbereitungsjahr. Die Höhe wird nach dem Einkommen der Eltern, nach den Fahrtkosten, Lehrmittel- und Prüfungskosten berechnet.

b) Das Arbeitsförderungsgesetz (AFG) regelt die Berufsausbildungsbeihilfe.

Das Arbeitsamt gewährt Berufsausbildungsbeihilfe für eine berufliche Ausbildung in Betrieben oder überbetrieblichen Einrichtungen sowie für die Teilnahme an berufsvorbereitenden Maßnahmen (z. B. Grundausbildungs- und Förderungslehrgang). Ziel der Berufsausbildungsbeihilfe ist es, finanzielle Schwierigkeiten, die einer angemessenen beruflichen Ausbildung entgegenstehen, zu überwinden. Das eigene Einkommen des Auszubildenden wird in voller Höhe und das seiner Eltern bzw. seines Ehegatten nach Abzug bestimmter Freibeträge auf die Berufsausbildungsbeihilfe angerechnet. Für Teilnehmer an berufsvorbereitenden Maßnahmen werden die Lehrgangsgebühren ohne Anrechnung von Einkommen übernommen.

Das Arbeitsförderungsgesetz regelt außerdem:

– die Förderung für berufliche Fortbildung und Umschulung (FuU)
– Bestimmungen zur Arbeitsvermittlung (Näheres siehe Punkt 16 in diesem Kapitel)
– Ausführungsbestimmungen je nach Beschäftigungspolitik
– Vermittlungsmonopol der Arbeitsämter
– Arbeitserlaubnis für Ausländer

c) Zu Kindergeld siehe Kapitel 6.

11. Anerkennung von Zeugnissen.

Grundsätzlich liegt für eine Vergleichbarkeit von Schulabschlüssen die Dauer der Schulzeit zu Grunde. Die gesetzliche Schulpflicht in Hessen beträgt 10 Schuljahre. Folglich müssen im jeweiligen Herkunftsland 10 Schuljahre absolviert worden sein, damit hier ein Hauptschulabschluß anerkannt werden kann. Bei höheren Bildungsgängen wird dies entsprechend gehandhabt. Jeder Antrag auf Anerkennung eines Schulabschlusses muß individuell beim Kultusminister gestellt werden und wird als Einzelfall auch einzeln entschieden. Man beantragt die Anerkennung des Hauptschulabschlusses und der Mittleren Reife beim

Hessischen Kultusminister, Luisenplatz 10, 6200 Wiesbaden,

der Fachhochschulreife beim

Studienkolleg für ausländische Studierende (FHS), Wilhelmstraße 65, 6300 Gießen,

des Abiturs: bei der jeweiligen Akademischen Auslandsstelle der Universität.

12. Wehrdienst.

Die Regelungen der Wehrpflicht in den einzelnen Ländern und ihre Handhabung während des Aufenthaltes in der Bundesrepublik Deutschland erfährt man beim jeweiligen Konsulat (siehe Adressenliste in Kapitel 26). Es empfiehlt sich, vorher bei einer Beratungsstelle für Ausländer nochmal genau nachzufragen.

13. Führerscheine.

MOFA (= Krafträder bis 50 ccm und erlaubte Spitzengeschwindigkeit von 25 km/h) Alle Jugendlichen, die nach dem 31. 3. 65 geboren sind, müssen eine »Mofa-Prüfung« ablegen. Das ist ein Fragebogen, der direkt beim TÜV (Staatlicher Technischer Überwachungs-Verein) ausgefüllt werden muß. Er kostet 18, – DM. Die Bescheinigung muß ständig mitgeführt werden. MOKICK/MOPED-Führerscheinklasse IV = (Krafträder bis 50 ccm und erlaubte Spitzengeschwindigkeit von 40 km/h). Mindestalter 16 Jahre. Man nimmt bei einer Fahrschule 12 – 15 Stunden Theorie-Unterricht und meldet sich dann zur Prüfung (TÜV). Ab 1. 1. 81 sind zusätzlich praktische Fahrstunden vorgeschrieben. Für alle übrigen Führerscheine beträgt das Mindestalter 18 Jahre.

14. Jugendliche im Betrieb.

Jugendarbeitsschutzgesetz (siehe Kapitel 3, Punkt 78 – 87)

Jugendvertretung. In Betrieben, in denen mindestens 5 Jugendliche unter 18 Jahren arbeiten, sieht das Gesetz eine Jugendvertretung vor. Sie vertritt die Interessen gegenüber dem Arbeitgeber und hat folgende Aufgaben im Betrieb:

- zu besonderen Fragen der Berufsausbildung Stellung nehmen,
- darüber wachen, daß die geltenden Gesetze, Vorschriften und Betriebsvereinbarungen eingehalten werden,
- Anregungen und Vorschläge an den Betriebsrat (Vertretung der erwachsenen Arbeitnehmer) weiterzugeben,
- Beschwerden der Jugendlichen entgegenzunehmen und sich darum zu kümmern.

Bildungsurlaub (siehe Kapitel 10)

15. Ausbildungsstellen.

Für ausländische Jugendliche ist der § 19 des Arbeitsförderungsgesetzes von besonderer Wichtigkeit. Dieser Paragraph regelt nämlich die Erteilung der Arbeitserlaubnissen an ausländische Arbeitnehmer und er legt die Vorrangigkeit von deutschen Jugendlichen und Jugendlichen aus EG-Ländern bei der Vermittlung von Arbeits- und Ausbildungsstellen fest. Das Grundrecht der Freiheit der Berufswahl (Grundgesetz, Artikel 12) bedeutet auch, daß Mädchen und Jungen die gleichen Chancen haben müssen, einen Ausbildungsplatz zu bekommen. Es gibt ein Modellprogramm der Bundesregierung »Mädchen in gewerblich-technischen Berufen«, in dessen Rahmen Mädchen sogenannte Männerberufe erlernen. Mädchen, die sich für einen gewerblich-technischen Beruf interessieren, können sich beim Berufsberater vom Arbeitsamt erkundigen.

16. Illegale Arbeit.

Illegale Arbeit ist jedes Arbeiten ohne Arbeitserlaubnis. Man muß wissen:
- daß dies ein Ausweisungsgrund ist,
- daß man nicht versichert ist (z. B. beim Arbeitsunfall)
- daß man keinerlei Rechtsschutz genießt,
- daß man fast immer unter Tarif bezahlt wird,
- jederzeit wieder entlassen werden kann,
- daß man oft unter Druck gesetzt und bedroht wird und
- oftmals um seinen Lohn betrogen wird.

17. Beratungsstellen für Jugendliche (Beispiele für Frankfurt)

a) **Allgemeine Beratungsstellen:** Sorgentelefon für Kinder und Jugendliche in Frankfurt/Main 06 11 – 70 20 11
Ausländerarbeit beim Jugendamt Frankfurt/M. 06 11-2 12-30 10
Initiativgruppenadressen über 2 12-43 88
alle Sozialstationen in den Stadtteilen
Kirchliche Beratungsstellen

b) **DGB-Beratung für Jugendliche,** die Probleme mit der Arbeit haben: DGB, Wilhelm-Leuschner-Str. 69, 6000 Frankfurt/Main, Telefon 06 11 – 26 84-2 47

c) **Sexual-, Schwangerschafts- und Familienberatung:** alle pro-familia-Stellen in jeder größeren Stadt. Hier sind für Ausländer in den meisten Fällen Dolmetscher zur Verfügung oder Ausländer als Mitarbeiter tätig.

d) **Drogenberatung:** In fast allen Städten bestehen Angebote zur Beratung und Betreuung drogenabhängiger oder -gefährdeter junger Menschen. Alle Anfragen und Informationen werden streng vertraulich behandelt. Weitere Auskünfte erteilen die Jugendämter, die Sozialämter und die Gesundheitsämter, sowie die Wohlfahrtsverbände.

e) **Beratungsstellen für Mädchen und Frauen:** Mädchentreff in Frankfurt/Main, für arbeitslose und ausländische Mädchen, Hufnagelstraße 14 (Galluswarte).

18. Freizeitangebote.

a) Jugendzentren: z. B. in Frankfurt/Main:
   - Internationales Jugendzentrum, Bleichstraße 8 – 10,
   - Jugendzentrum Höchst, Palleskestraße 2

b) Ausländervereine: wo und welche es gibt, erfährt man auch beim Jugendamt.

Lektion	Themen – Situationen – Informationen	Grammatische Strukturen	Übungen Sprechintentionen
1	Begrüßung Vorstellung Deutsche Großstädte und Umgebung Europa und die Herkunftsländer der Jugendlichen Personalangaben auf Ämtern Tageszeiten	Verben 　Konjugation im Präsens außer der 3. Person ›wohnen‹ 　Imperativ Pronomina 　Personalpronomina ›ich – du – wir – ihr – Sie‹ 　Possessivpronomina ›mein – dein – Ihr‹ im Nominativ maskulinum Präpositionen 　›in – aus‹ ohne Artikel 　›aus‹ in Ausnahmefällen mit Dativ Syntax 　Aussagesatz Verb + Präpositionalergänzung ›Ich komme aus_____.‹ Aufforderung 　›Sprechen Sie langsam.‹ Fragesatz 　ohne Fragepronomen 　mit Fragepronomen ›wie? – woher? – wo?‹ Negation 　›nein – nicht‹	Begrüßen Vorstellen Verneinen/Bejahen Nachfragen Personalien erfragen höflich – distanziert/vertraulich ansprechen
2	Vorstellung der wichtigsten Personen des Buches mit den Daten über – Name – Herkunft – sozialer Status – Wohnort – Alter Personalangaben auf Ämtern Berufe Zahlen	Verben 　Konjugation im Präsens 　Vollverb ›sein‹ Pronomina 　Personalpronomina ›er – sie – es – sie‹ 　Possessivpronomina ›mein – dein – ihr‹ im Nominativ fem. Syntax 　Fragesatz	Personen beschreiben Personalien erfragen Zählen Unterscheiden von Siezen und Duzen in den jeweiligen Situationen Ausfüllen von Formularen

Lektion	Themen – Situationen – Informationen	Grammatische Strukturen	Übungen Sprechintentionen
2	Ausbildungssystem in der Bundesrepublik	mit Fragepronomen — ›was?‹ — wer?‹ — ›welche?‹ attributiv Zahlen Kardinalzahlen	
3	Einkaufen von Lebensmitteln Inanspruchnahme von Dienstleistungen (Post, Verkehrsbetriebe etc.) Preise Gewichte Grundrechenarten	Verben Konjugation im Präsens von ›haben‹ und ›kosten‹ und dem Modalverb ›wollen‹ Substantive im Nominativ Adjektive im prädikativen Gebrauch Syntax Fragesatz — mit Fragepronomen ›wieviel? — warum?‹	Waren anfordern Qualität und Preise erfragen Rechnen
4	Einkaufen Gegenstände des täglichen Bedarfs Adjektive zur Qualifikation von Gegenständen	Substantive Deklination im Akkusativ Artikel bestimmter Artikel im Nominativ unbestimmter Artikel im Nominativ und Akkusativ Pronomina unbestimmtes Pronomen ›ein‹ im Akkusativ Syntax Verb + Akkusativergänzung	Waren und Preise erfragen Waren mit Begründung zurückweisen Nach Alternativen fragen

Lektion	Themen – Situationen – Informationen	Grammatische Strukturen	Übungen Sprechintentionen

5	Unterrichtssituation
	Emotionen in Konfliktsituationen
	Einkaufen
	Geld
		Artikel
		  Bestimmter Artikel im Akkusativ
		  Negation des unbestimmten Artikels im Akkusativ
		Pronomen
		  unbestimmtes Pronomen ›kein‹ im Akkusativ
		  Demonstrationspronomen ›dies‹ im Nominativ und Akkusativ
		Syntax
		  Negation mit ›nicht – kein‹
			Gegenstände erfragen
			Höflich und schroff ablehnen
			Nachfragen bei Emotionsäußerungen
			Bewerten
			Nach Einstellungen fragen

6	Öffentliche Verkehrsmittel
	— Wochen- und Monatskarten
	— Fahrausweise
	Aufenthaltsbedingungen in der Bundesrepublik
	— Polizeiliche Anmeldung
	— Aufenthaltserlaubnis
		Verben
		  Modalverben im Präsens, außer: dürfen
		Artikel/Pronomen
		  Relation der — er / die — sie / das — es im Nominativ
		Pronomen
		  Possessivpronomina mein/dein/Ihr im Akkusativ
		Syntax
		  Verb + Dativergänzung + Akkusativergänzung
			Wünsche und Bedürfnisse artikulieren
			Reagieren in Konfliktsituationen: Kontrolle

7	Orientierung in der Stadt
	— zu Fuß
	— mit öffentlichen Verkehrsmitteln
	Verabredung am Telefon
		Substantive
		  Deklination im Dativ
		Adjektive
		  ›schnell‹ im Komparativ und Superlativ in prädikativer Stellung
			Informationen erbitten und erteilen
			— sich nach dem Weg erkundigen
			— sich nach Personen erkundigen
			— sich nach Sachen erkundigen
			etwas empfehlen
			sich entschuldigen

Lektion	Themen – Situationen – Informationen	Grammatische Strukturen	Übungen Sprechintentionen
7		Präpositionen ›an‹ mit Dativ ›bei‹ — ›mit‹ — ›zu / bis zu‹ Syntax Verb + Präpositionalergänzung: ›Ich fahre zum Bahnhof‹	
8	Orientierung Reagieren bei Unhöflichkeiten Freizeitmöglichkeiten Verbote/Gebote Uhrzeiten Ordinalzahlen Tages- und Monatsbezeichnungen geographische Bezeichnungen Beschreibungen des Wetters Verwandtschaftsbezeichnungen	Verben ›sein‹ im Präteritum Partizip Passiv von ›verboten — erlaubt‹ Modalverb ›dürfen‹ Substantive Genitiv der Eigennamen Adjektive ›nächste‹ im Nominativ und Akkusativ Pronomina ›man‹ Possessivpronomina ›sein — ihr‹ im Nominativ und Akkusativ Präpositionen ›in‹ mit Dativ und Akkusativ Syntax Fragesatz mit den Fragepronomina ›wann? — wohin?‹ Infinitiv nach Verben der Bewegung: ›einkaufen gehen‹ Zahlen Ordinalzahlen im Nominativ, Akkusativ und Dativ	Informationen erfragen und geben zu: — Uhrzeiten — Daten — Aufenthaltsdauer — geographische Angaben — Wetter — Familie — Kino- bzw. Fernsehprogramm — Essen Bedauern Aggressionen ausdrücken Aggressionen differenziert beantworten Beschwichtigen Informationen über Handlungen erfragen Überzeugen Überreden Verabredungen treffen Sich nach dem Befinden erkundigen Warnen

Lektion	Themen – Situationen – Informationen	Grammatische Strukturen	Übungen Sprechintentionen
9	Verhalten bei Krankheiten: – Notfall – Arzt-Patient-Verhältnis – Krankenhausaufenthalt – Arbeitsunfähigkeitsbescheinigung Orientierung auf Reisen: – Fahrplan – Schalterauskunft	Verben Trennbare Verben Modalverben ›wollen – sollen‹ im Präteritum Adjektive Komparation, unregelmäßig, prädikativ Pronomina Personalpronomina ›er – sie – es‹ im Akkusativ ›ich – du – er – sie – es – Sie‹ im Dativ Syntax Fragesatz ›ab wann?‹ ›es gibt‹	Informationen einholen und erteilen – telefonisch – im direkten Gespräch – mit Hilfe des Fahrplans Beschwerden ausdrücken – im privaten Bereich – im öffentlichen Bereich Vergleichen von Sachverhalten – konkurrierendes Verhalten und mögliche Reaktionen darauf
10	Wohnsituation in der Familie Verabreden, einladen Fußballspiel Wahrnehmung der eigenen Person – Wunschvorstellung und Realität	Verben Perfekt, gebildet mit ›haben‹ Präteritum von ›sein‹ Pronomina Personalpronomina ›ich‹ – ›du‹ – ›er‹ – ›sie‹ – ›es‹ im Akkusativ Adjektive Deklination nach unbestimmtem Artikel im Nominativ Präpositionen ›von‹ Syntax Verb + Akkusativergänzung + Präpositionale Ergänzung	eine Einladung, einen Wunsch, eine Aufforderung – aussprechen – annehmen – ablehnen Gefallen, Anerkennung, Mißfallen, Sympathie ausdrücken Zärtlichkeit, Verliebtsein Ausdruck verleihen

Lektion	Themen – Situationen – Informationen	Grammatische Strukturen	Übungen Sprechintentionen

11	Konflikte mit Vorgesetzten
	
	Konflikte zwischen Jugendlichen
	
	Berufliche Situation der ausländischen und deutschen Jugendlichen
	
	Essensgewohnheiten
		Adjektive
		    Deklination nach unbestimmtem Artikel im Akkusativ
		Präpositionen
		    ›für‹
		Pronomina
		    Personalpronomina ›wir – ihr – sie‹ im Akkusativ und Dativ
		    Possessivpronomina ›unser – euer – ihr‹ im Nominativ
			Befinden erfragen
			Berichten
			Ärger ausdrücken
			Argumentieren
			Vorschläge machen

12	Freizeitaktivitäten der Jugendlichen
	
	Jobs in der »Frei«zeit
		Verben
		    Perfekt
		    Präteritum von ›haben – geben – gehen‹
		    Verben mit Reflexivpronomen im Akkusativ
		    Verben mit Präpositionalobjekt
		Pronominaladverbien
		    ›worüber – darüber‹
		Syntax
		    Nebensätze mit
		    – daß
		    – Infinitiv, erweitert mit ›zu‹
			Fragen
			Berichten
			Zufriedenheit/Unzufriedenheit ausdrücken

13	Verhältnis Junge/Mädchen
	
	Arbeitssuche
	
	Bewerbung
	
	Lebenslauf (ausführlich und tabellarisch)
		Verben
		    Verben mit Präpositionalobjekt
		Pronominaladverbien
		Syntax
		    Nebensätze mit
		    – ›daß‹
		    – Infinitiv, erweitert mit ›zu‹
			Briefe schreiben (persönliche und offizielle)
			Bewerbungsschreiben
			Zuneigung ausdrücken
			Angst ausdrücken
			Berichten (schriftlich)

Lek-tion	Themen – Situationen – Informationen	Grammatische Strukturen	Übungen Sprechintentionen
13		Indirekte Frage mit — ›wie‹ — ›ob‹	Hoffnungen aus- drücken Wünsche aus- drücken Lebenslauf schrei- ben
14	Vorurteile — Konfligierende Normen und Werte — Rollenverhalten (Junge – Mäd- chen) — Kulturkonflikt der Eltern Wohnen — Wohnungssuche — Im Maklerbüro Möglichkeiten, eine Wohnung zu finden Informationen — für den Mieter — für den Woh- nungswechsel Autovermietung	Adjektive Deklination nach bestimm- ten Artikeln im Akkusativ Deklination von Komparativ und Superlativ im Nominativ und Akkusativ Pronomina ›welch‹ – ›was für ein‹ im No- minativ und Ak- kusativ Syntax Funktion von ›denn‹ im Hauptsatz Nebensätze — weil — wenn — bevor	etwas begründen Entscheidungen treffen Bedingungen stellen sich in Diskussionen mit Problemen aus- einandersetzen die individuelle Si- tuation analysieren und darstellen Reagieren in Kon- fliktsituationen: — sich beschweren und auf Be- schwerden rea- gieren — beleidigen und auf Beleidigung reagieren.
15	Wohnen — Sanierungs- politik — Wohnsituation von Ausländern — Telefongesprä- che zur Zimmer- suche — Wohnungsbe- sichtigung — Mietvertrag — Wohnungsanzei- gen — Wohnungsein- richtung	Adjektiv Deklination nach bestimm- ten Artikeln im Nominativ Deklination nach unbe- stimmten Arti- keln im Dativ Syntax Nebensätze Indirekte Frage — wie — welche — warum — wer — wann	Informationen erbit- ten und erteilen — Wohngegend — Größe und Aus- stattung der Wohnung — Höhe der Neben- kosten — Kaution Reagieren auf Woh- nungsanzeigen Informationen, die man von Dritten er- halten hat, weiterge- ben etwas bezweifeln und auf Zweifel rea- gieren

Lektion	Themen – Situationen – Informationen	Grammatische Strukturen	Übungen Sprechintentionen
16	Beziehungskonflikt innerhalb der Gruppe. Verdächtigungen und Reaktionsmöglichkeiten ausländischer Jugendlicher in der Bundesrepublik Deutschland. Theaterstück.	Verb Konjunktiv II in der 3. Person von haben / können / müssen Perfekt mit Modalverben Verben mit dem Reflexivpronomen im Dativ werden als Vollverb Pronomen Reflexivpronomina Syntax Nebensätze — wenn — als — nachdem	Interessengebiete/ Hobbies Erinnerungen wiedergeben über Vergangenes differenziert berichten reagieren in Konfliktsituationen. Im Betrieb Informationen, Erkundigungen einholen Interessen und Bedürfnisse vertreten.
17	Betriebsbesichtigung — ausländische Jugendliche im Betrieb — Arbeitsbedingungen — Arbeitsbegriff — Jugendschutzgesetz	Pronomen Possessivpronomen, prädikativ ›meins‹ . . . Adjektiv Deklination ohne Artikel im Akkusativ Syntax Hauptsatz — entweder — oder Nebensatz — damit — um zu Relativnebensatz mit Relativpronomen im Nominativ	Übungen Verhältnis Arbeitgeber — Arbeitnehmer Arbeitsbedingungen sich in Arbeitsbedingungen zurechtfinden, Konfliktsituationen bewältigen Meinungen wiedergeben, Meinungen äußern Information einholen Einstellungen vergleichen
18	Phantasiegeschichte: Fernsehdiskussion: Die Bundesrepublik — Ein Einwanderungsland Verfassungsaufbau	Verb Verben der Bewegung/des Zustands Präterium und Perfekt des Vollverbs ›werden‹	Personen/Sachen lokalisieren Diskutieren/Vor- und Nachteile/Für und Wider differenziert abwägen: — Lebensbedin-

Lektion	Themen – Situationen – Informationen	Grammatische Strukturen	Übungen Sprechintentionen

18	und politische Organe der Bundesrepublik Deutschland
	
	Gedicht: Mehmet lebt hier
		Präpositionen
		   mit Dativ
		   mit Akkusativ
		   mit Dativ und
		   Akkusativ
		Syntax Nebensatz:
		   Relativsätze mit
		   Relativpronomina im Dativ
		   und Akkusativ/
		   mit Relativpronomina nach
		   Präpositionen
		Zusammenfassung
		der Strukturen von
		Lektion 12 – 18
			gungen der ausländischen Familien in der Bundesrepublik

Vorbemerkungen

Wesentlich beeinflußt wird der Unterrichtsalltag sowohl was die Vorbereitung als auch was den Ablauf betrifft, von den Einstellungen und dem Verhalten des Lehrers gegenüber der Zielgruppe und vermittelt darüber auch von den Kenntnissen, die er über diese Gruppe hat.

Daher erscheint es uns wichtig, daß sich der Lehrer bewußt auch als Lernender begreift, als jemand, der darauf angewiesen ist – oder/und sich darüber freut –, möglichst viel über den soziokulturellen Hintergrund, die besondere Biographie und die spezifischen Probleme der Jugendlichen zu erfahren. Dabei wird man sicher nicht umhinkönnen, eigene Verhaltensmuster in Frage zu stellen.

Denn diese Verhaltensmuster – sind ebenso wie Lernziele und Begriffe die unserem Denken zugrundeliegen – in unserem Kulturbereich entstanden und als solche nicht einfach übertragbar.

Auf diesen Hintergrund sind wir dazu gekommen, Fragen an den lehrenden Lerner, bzw. lernenden Lehrer zu formulieren, die jeweils Schwerpunkte im Hinblick auf das angebotene Material setzen.

Liste der Übungsmuster

Mit dieser Liste, auf die in den Kommentaren immer wieder verwiesen wird, soll versucht werden, bestimmte Formen von Übungsmustern auf den jeweils kleinsten gemeinsamen Nenner zu bringen. Wiederholungen in den Kommentaren werden dadurch vermieden. Es sei aber darauf hingewiesen, daß jede Übung, unabhängig von den hier aufgelisteten Verfahrensmöglichkeiten, je nach Kontakt und Zielgruppe methodisch individuell behandelt werden sollte. Nicht generalisierbare Übungsformen sind in dieser Liste nicht vertreten; sie werden jeweils im Zusammenhang mit der Lektion, in der sie vorkommen, kommentiert.

Strukturübungen – Übungsmuster I

Strukturübungen nach dem Stimulus-Respons-Muster. Bei allen im Buch vorgegebenen Strukturübungen sind Erweiterungen bzw. Übertragungen auf die aktuelle Situation intendiert.

Fragen zum Lese- bzw. Hörverständnis – Übungsmuster II

Vor dieser Übung sollte der Situationsdialog A noch einmal gelesen bzw. vom Tonband gespielt werden. Die vorgegebenen Fragen stellt der Kursleiter; dadurch motiviert sollten die Teilnehmer von sich aus weitere Fragen zum Text stellen und aus dessen Kenntnis heraus beantworten.

Zuordnung von Dialogteilen – Übungsmuster III

D 18 wird in Zweiergruppen mit verteilten Rollen gelesen; Frage – Antwort – Gegenfrage werden, eventuell durch Numerieren, einander zugeordnet; der Kursleiter geht von Gruppe zu Gruppe und hilft individuell. Die Teilnehmer vergleichen die Resultate im Plenum.

Ziel dieser Übung ist, daß die Teilnehmer lernen, mit den unterschiedlichen Redewendungen, die in bestimmten Situationen gebräuchlich sind, umzugehen.

Umformung – Übungsmuster IV

Umformung eines beschreibenden Textes in die Dialogform; Textbrücken sind vorgegeben. Verteilung der Rollen auf drei Teilnehmer:

1. Beschreibende Sätze als jeweils erster Impuls
2. Verkäufer
3. Kunde

Einübung in Dreiergruppen, zuerst mündlich, dann schriftlich.

Vergleich der Resultate im Plenum.

Umformung – Übungsmuster V

Mit einem beschreibenden Text werden Vorgaben für ein gelenktes Gespräch bzw. für einen Transfer gegeben. Die Teilnehmer formen den Text in einen Dialog um, ohne daß ihnen, wie in Übungsmuster IV, Textbrücken als Hilfen zur Verfügung stehen. Vorgehen:

– Situationsbeschreibung im Kontext vom Tonband
– mit Pausen vom Tonband
– die Teilnehmer formen den Text Satz für Satz in Fragen und Antworten um
– daraus ergibt sich ein Gespräch zwischen Kunde und Verkäufer, in das alle Vorgaben der Situationsbeschreibung aufgenommen werden

Schriftlich: In Zweiergruppen bei geöffnetem Buch.

Zuordnung von Redewendungen – Übungsmuster VI

Im Beispiel a) werden verschiedene Möglichkeiten, nach der Meinung über einen Film zu fragen, mit verschiedenen Antwortmöglichkeiten konfrontiert. In Zweiergruppen ordnen die Teilnehmer Fragen und Antworten einander zu. Vergleich der Resultate im Plenum.

Der Kursleiter erläutert, in welchen Situationen bestimmte Redewendungen angemessen sind.

b) Übertragung der Redewendungen auf Meinungsäußerungen über eine andere Person.

c) Übertragung der Redewendungen auf Meinungsäußerungen über ein Fußballspiel. Erweiterung: Der Kursleiter gibt Impulse zu Meinungsäußerungen über andere Themen.

Sprechintentionen – Übungsmuster VII

Knapp skizzierte Situationen werden vorgegeben, die eine bestimmte sprachliche Reaktion verlangen. In diesem Fall wird gezeigt, wie das Adverb ›hoffentlich‹ verwendet wird. Erweiterung um Situationen, die die Teilnehmer nennen.

Verwendung von idiomatischen Redewendungen – Übungsmuster VIII

Einübung und Transferierung von idiomatischen Redewendungen auf unterschiedlichen Kommunikationsebenen. Die Aufgabe des Kursleiters besteht darin, die verschiedenen Sprachebenen, denen diese Redewendungen angehören, mit Beispielen zu erläutern.

a) im Plenum
c) – g) in Kleingruppen

Erweiterung: Die Teilnehmer versuchen, über c) bis g) hinaus neue Situationen zu finden, in denen sich diese Redewendungen anwenden lassen.

Zu Lektion 1

A 1 Guten Tag!

A 2 Woher kommst du?

A 3 Bei der Ausländerbehörde

A + B

**Themen
Situationen
Informationen**

Begrüßung
Vorstellung
Deutsche Großstädte und Umgebung
Europa und die Herkunftsländer der Jugendlichen
Personalangaben auf Ämtern
Tageszeiten

C

**Grammatische
Strukturen**

Verben

Konjugation im Präsens außer der 3. Person
›wohnen‹ Imperativ

Pronomina

Personalpronomina ›ich – du – wir – ihr – Sie‹
Possessivpronomina ›mein – dein – Ihr‹ im Nominativ maskulinum

Präpositionen

›in – aus‹ ohne Artikel
›aus‹ in Ausnahmefällen mit Dativ

Syntax

Aussagesatz
Verb + Präpositionalergänzung ›Ich komme aus _____.‹

Aufforderung
›Sprechen Sie langsam.‹

Fragesatz
ohne Fragepronomen
mit Fragepronomen ›wie? – woher? – wo?‹

Negation
›nein – nicht‹

D

**Übungen
Sprech-
intentionen**

Begrüßen
Vorstellen
Verneinen/Bejahen
Nachfragen
Personalien erfragen
höflich-distanziert/vertraulich ansprechen

A 1 Guten Tag

A 2 Woher kommst du?

A 3 Bei der Ausländerbehörde

Lernziele und Lerninhalte

Die Lernziele und Inhalte der ersten Lektion gehen von der Unterrichtssituation am Anfang eines Kurses aus: die Fragen nach Herkunft, Wohnort etc. entsprechen dem grundlegenden Bedürfnis der Teilnehmer, sich kennenzulernen.

Lernziel ist daher, die Lexik und die grammatikalischen Strukturen zu vermitteln, die benötigt werden, um die Sprechintentionen »Vorstellen« oder »Erfragen von Namen, Wohnort etc.« in realen Situationen umsetzen zu können.

Besondere Bedeutung hat in dieser Lektion für die Jugendlichen die Unterscheidung der Sie-Form von der Du-Form, da eine unangemessene Anwendung der Du-Form die Jugendlichen in bestimmten sozialen Situationen in Schwierigkeiten bringen kann.

Die Bearbeitung der ersten Lektion im Unterricht hat über das Erlernen der Sprache hinaus noch eine weitere Funktion: Der Umgang mit allen Teilen der ersten Lektion bedeutet die Heranführung der Teilnehmer an eine ihnen meist noch unbekannte Form des Sprachenlernens.

Wie mit dieser Methode Teilnehmer und Lehrer arbeiten können, wie die Lektionen eingeteilt sind, und wie mit den einzelnen Teilen im Unterricht umgegangen werden kann, soll jetzt im folgenden gezeigt werden.

Leitfaden

A1 → D1 → D2 → B3 → D3

B4 → D4 → D5 → D6 → B5

A3 → B6 → D7 → D8 → D9

D10 → B2 → D11 → B6 → D12

C1 → C2 → C3 → C4 → A2

D13 → D14 → D15 → B10 → D16

B11 → D1 → C5 → C6 → C7

 AH

A1 Vorspann
Präsentation

Bild 1–3

Die Bilder 1–3 werden vom Kursleiter gezeigt. Die Jugendlichen können darauf ihre eigene Situation im Kurs erkennen, sie können mit dem Dargestellten vertraut werden. Dieses Vertrautmachen erfordert nicht viel Zeit, deshalb sollte der Lehrer die Bilder 1–3 recht bald zum zweiten Mal zeigen, diesmal während er den Text der Sprechblasen bzw. jedem Einzeldialog mit Pausen nach jedem Satz bzw. jedem Einzeldialog vom Tonband abspielt. Dabei hören sich die Jugendlichen in den Text ein und ordnen die Stimmen der Sprecher den dargestellten Personen zu. Der Lehrer kann diese Zuordnung durch Zeigen am Bild unterstützen.

Schlüsselstrukturen

Die Schlüsselstrukturen

»Wie heißt du?« – »Ich heiße _____«

»Wo wohnst du?« – »Ich wohne in _____«

und die Anwendung des »auch« werden in den Sprechblasen signalisiert, die Denkblasen in Bild 2 verdeutlichen den Begriff »wohnen«. Diese Schlüsselstrukturen sollen im Verlauf der Erarbeitung von den Teilnehmern als aktiv zu beherrschende Strukturen erlernt werden.

Legende
Bildunterschrift

Die Bildunterschriften haben die Aufgabe, die Situation zu beschreiben, wobei lexikalische und grammatische Begriffe verwendet werden, die zur allgemeinen Erklärung der Situation dienen, von den Teilnehmern jedoch noch nicht eingeübt werden sollen.

Legende

Der Kursleiter spielt den Text der Bildunterschriften zweimal vom Tonband, das erste Mal im Zusammenhang, das zweite Mal mit Pausen nach jedem Satz, um den Kursteilnehmern die Möglichkeit zu geben, sich in den Text einzuhören.

Semantisierung

In der Phase der Semantisierung soll der Kursleiter den Teilnehmern die Bedeutung des präsentierten Sprachmaterials verdeutlichen. In welcher Form er dies macht, ist sehr stark von der Zusammensetzung der Gruppe abhängig. Die durch die Vorerfahrungen der Teilnehmer geprägte Struktur der Lerngruppe, die z. B. abhängig ist von den Lernerfahrungen mit Fremdsprachen bei den Teilnehmern oder der Aufenthaltsdauer in der Bundesrepublik, bestimmt, in welcher Form und in welchem Maß der Lehrer die Erklärung von Bedeutungen vornehmen muß.

Auf keinen Fall soll Semantisierung verstanden werden als eine wortreiche Erklärung aller Einzelheiten des Dargestellten, da dies die Jugendlichen, die nur ein Minimum an Vorkenntnissen der Sprache mitbringen, stark überfordern würde.

Für den Lehrer heißt das, daß er nicht sprechen sollte, was nicht schon von den Jugendlichen gelernt wurde. Diese Vorgehensweise schließt auch eine Analyse grammatischer oder syntaktischer Art im Unterricht aus.

Wie sich dieses Vorgehen in der ersten Lektion realisieren läßt, sollen die folgenden Erklärungen verdeutlichen.

— »**Wie heißt du?**« = »**Ich heiße Gülsen.**«

Bild 1

Während der Lehrer das erste Bild mit den beiden Personen zeigt, spielt er das Tonband mit Frage und Antwort vor. Um das Verständnis der ersten Struktur zu sichern, fragt der Lehrer ein oder zwei Kursteilnehmer nach ihrem Namen. Die Antworten können mit Hilfe der Namensschilder, die in den ersten Stunden des Unterrichts von jedem Teilnehmer auf seinen Platz gestellt werden sollten, überprüft und gegebenenfalls korrigiert werden.

Bild 2 — »Wo wohnst du?« = »Ich wohne in Offenbach.«

Während der Lehrer das zweite Bild zeigt, spielt er den dazugehörenden Text vom Tonband. Die Bedeutung von ›wohnen‹ wird durch die Denkblase im Bild 2 verdeutlicht.

Weitere Hilfen zur Klärung der Bedeutung:

Der Lehrer nennt zum Städtenamen auch die Straßenbezeichnung, oder er zeigt seine Adresse auf einem Brief und verwendet die zu lernende Struktur:
»Ich wohne in Offenbach. Wo wohnst du?«

Bild 3 — »Auch in Offenbach.«

Der Lehrer zeigt das dritte Bild und spielt den dazu gehörenden Text. Nach dem Vorspielen wiederholt er die Textstelle

— »Ich wohne in Offenbach. Und wo wohnst du, Gülsen?« = »Auch in Offenbach.«

Bild 4 wobei er das ›auch‹ noch einmal besonders betont und dabei deutlich auf Offenbach in Bild 4 zeigt.

Neben der Semantisierung durch besondere Betonung eines Worts kann ein kontrastives Vorgehen ebenfalls die Bedeutung von Wörtern verdeutlichen. Dabei spricht der Lehrer den Text

— »Ich wohne in Offenbach. Und wo wohnst du, Manuel?« = »In Hanau.«

Bild 4 Durch gleichzeitiges Zeigen der verschiedenen Städte auf Bild 4 während der Darbietung der Dialogteile kann der Unterschied von »In Hanau« und »Auch in Offenbach« deutlich werden.

Eine weitere, und im Interesse der Motivation der Teilnehmer möglichst häufig zu verwendende Methode, Bedeutungsgehalte zu vermitteln, besteht darin, die Kursteilnehmer einzubeziehen. In diesem Fall kann dies geschehen, indem der Lehrer den Jugendlichen die Stadt nennt, in der der Unterricht stattfindet: »Ich wohne in _____. Wohnst du auch in _____?«

Bild 1–4 Am Ende dieser Unterrichtsphase werden noch einmal alle Bilder zu dem gleichzeitig vom Tonband ablaufenden Text gezeigt, damit der Zusammenhang wiederhergestellt ist.

Beschreibender Vorspann (Legende)

Legende
Bild 1–4 Die Beschreibung der Bilder hat die Funktion, den Situationsdialog einzuleiten. Dazu spielt der Lehrer den Text vom Tonband und verdeutlicht mit Hilfe der Bilder den Inhalt. Eine gründliche Erklärung aller Teile der Beschreibung braucht nicht vorgenommen zu werden, da sie lediglich zur Erklärung der Situation dient, in der der Situationsdialog spielt. In der Regel sind in solchen Beschreibungen auch grammatische Strukturen enthalten, die in den zu bearbeitenden Lektionen noch nicht aktiviert werden.

Falls während der Bearbeitung des Vorspanns Unklarheiten bei den Teilnehmern nicht beseitigt werden konnten, besteht die Möglichkeit, die noch offenen Fragen während der Erarbeitung des Situationsdialogs zu klären.

Situationsdialog A1

Präsentation

Der Lehrer zeigt auf Bild 4 die Städte Frankfurt, Offenbach und Hanau. Zu Bild 5 führt er die Geste ›ein wenig/ein bißchen‹ vor.

Der Text des Situationsdialogs wird zuerst in einem Stück vom Tonband abgespielt, wobei die Kursteilnehmer die während der Erarbeitung des Vorspanns erklärten Strukturen bereits zum Teil wiedererkennen.

Danach wird der Text ein zweites Mal vorgespielt und zwar diesmal mit Pausen nach jedem Satz bzw. nach einzelnen Satzsegmenten. Falls beim zweiten Vorspielen die Jugendlichen bereits leise mitsprechen, sollte dies nicht unterbunden werden, um nicht von vornherein jegliche Lust am selbständigen Umgang mit Sprache zu unterdrücken. Prinzipiell sollte jeder Sprechanlaß, den die Jugendlichen aufgreifen, um sich in der neuen Sprache zu äußern, vom Lehrer genutzt werden, um zum Verwenden der Sprache zu motivieren.

Semantisierung

Wie beim zweiten Vorspielen des Dialogs wird jetzt wieder der Text mit Pausen dargeboten. Der Lehrer verdeutlicht wie beim Vorspann, welche Bedeutung die Strukturen und Wörter haben, die noch nicht bekannt sind.

»Guten Tag.«

Diese Begrüßungsformel muß in aller Regel nicht erklärt werden, da sie den meisten Kursteilnehmern bekannt ist.

– »Wohnst du auch in Hanau?«
= »Nein, ich wohne in Frankfurt.«

Die mit dem Wort ›Nein‹ zum Ausdruck gebrachte einfache Verneinung ist im Deutschen nicht kompliziert und läßt sich leicht mit Hilfe von Bild 4 erklären.

– »Sprichst du Deutsch?« = »Ein wenig.«

›Sprechen‹ läßt sich mit Bild 15 verdeutlichen, ›ein wenig‹ wird durch Bild 5 erklärt.

Diese Unterrichtsphase der Semantisierung wird beendet, indem der Lehrer noch einmal den gesamten Text in einem Stück abspielt und die Bilder dazu zeigt.

Phonetische Korrektur

Der Lehrer spielt jeden Satz des Situationsdialogs einzeln vor. Die Sätze, in denen eine neue Struktur auftaucht, werden von den Jugendlichen – nicht im Chor, sondern einzeln! – nachgesprochen. Dabei korrigiert der Kursleiter individuell während er von Teilnehmer zu Teilnehmer geht.

Diese individuellen Korrekturen sollten nicht zu sehr ausgedehnt werden; etwa zwei bis drei Korrekturen sind in der Regel ausreichend für richtiges Hören und eine akzeptable Aussprache. Auf diese Weise wird eine Überbeanspruchung der Jugendlichen in dieser doch recht langwierigen und langwierigen Unterrichtsphase vermieden. Sollten immer noch schwerwiegende Mängel bei der Aussprache vorkommen, so können diese im Rahmen der lexikalisch-grammatischen Einübung behoben werden.

Ziel dieser Unterrichtsphase ist, die deutsche Sprache in ihrem natürlichen Sprechtempo verständlich zu machen und zu erreichen, daß die Jugendlichen eine Aussprache beherrschen, die dem Inhalt des Satzes angemessen ist. Um dies zu fördern, sollte der Lehrer die zu übenden Sätze vom Tonband abspielen und möglichst nicht selbst den Text sprechen, da er sonst u. U. die Intonation unnatürlich verändert, um den Kursteilnehmern verständlich zu werden, oder schwierige Stellen besonders betont, um bestimmte Ausspracheformen zu verdeutlichen.

Wenn alle Korrekturen durchgeführt wurden, spielt der Lehrer zum Abschluß den gesamten Dialog noch einmal in einem Stück.

Wechselbeziehung von phonetischer Korrektur und lexikalisch-grammatischer Einübung

Die bis hier dargestellten Unterrichtsschritte sind nicht so scharf getrennt, wie dies zur Verdeutlichung dargestellt wird. So besteht für den Lehrer jederzeit die Möglichkeit im Verlauf der phonetischen Korrektur auf Elemente der lexikalisch-grammatischen Einübung vorzugreifen, wenn ihm das vom Unterrichtsablauf her sinnvoll erscheint. Im Interesse einer Abwechslung im Unterricht ist es z. B. sicherlich gut, wenn während der phonetischen Einübung des Satzes ›Ich wohne in Offenbach‹ die Übung D 2 eingeflochten wird.

Umgekehrt können auch während der lexikalisch-grammatischen Einübung Begriffe auftauchen – in dieser Lektion z. B. Städtenamen –, die erst im Rahmen einer Übung phonetisch korrigiert werden.

Lexikalisch-Grammatische Einübung

Lexikalisch-grammatische Einübung ist die Aktivierung der Bedeutungen und Strukturen, die die Kursteilnehmer in den Unterrichtsphasen vorher im Zusammenhang mit Präsentation und Semantisierung passiv erlernt haben.

Mit den Übungen D 1 bis D 6 werden die bekannten Strukturen auf die Unterrichtssituation übertragen, transferiert, indem die Teilnehmer diese Strukturen in einer Kommunikationssituation in der Lerngruppe anwenden.

D 1

Der Kursleiter gibt den ersten Impuls, indem er einen Teilnehmer fragt:
– Wie heißt du?

Der Teilnehmer antwortet
– Ich heiße _____

und gibt die Frage an seinen Nachbarn oder sein Gegenüber weiter. Auf diese Weise wird D 1 von der Gruppe im Plenum durchgespielt.

D 2

Der Kursleiter gibt den Impuls
– Wo wohnst du?

dann geht es weiter wie in D 1.

D 1 + D 2

Der Kursleiter fordert die Teilnehmer durch Gesten auf, Zweiergruppen zu bilden, die dann die beiden Stimulus-Respons-Modelle einüben. Während des Übens geht der Kursleiter korrigierend von Gruppe zu Gruppe.

(B 3) D 3

Zur Einübung von ›auch‹ und der Verneinung im Zusammenhang mit der Frage nach dem Wohnort sollten die jeweiligen Umgebungskarten zu Hilfe genommen werden. Findet der Unterricht in Orten statt, die durch B 3 nicht abgedeckt werden, sollte eine Karte der Bundesrepublik oder eine entsprechende Umgebungskarte mitgebracht werden.

B 4 / D 4

Vor und während der Aktivierung der Struktur
– Sprichst du _____ ?

wird B 4 gezeigt, und jeweils in Beziehung zu den Muttersprachen bzw. zu den Fremdsprachenkenntnissen der Teilnehmer gesetzt.

Für die ersten Impulse setzt der Kursleiter das Tonband ein, damit die Teilnehmer sofort die richtige Intonation der deutschen Bezeichnungen für die Muttersprache lernen können. Die korrekte Aussprache wird von den Teilnehmern in einer Reihenübung dialogisch eingeübt:

– Sprichst du _____ ?
= Ja.
= Nein.
= Ein wenig.

B 4 / D 5 / D 6

Die Verneinung und ›auch‹, bisher nur aus der Frage nach dem Wohnort bekannt, lassen sich mit D 5 und D 6 bezogen auf die Sprachkenntnisse, in einem neuen Zusammenhang einüben. Auch diese Übung ist eine Reihenübung nach dem Stimulus-Respons-Modell.

Transfer

Nach der Einübung der Stimulus-Respons-Muster durch D 1 bis D 6 besteht die Möglichkeit des Transfers von Teilen des Situationsdialogs A 1 auf die Kurssituation. Dabei unterhalten sich die Teilnehmer nach den Mustern, die durch D 1 bis D 7 vorgegeben sind, entweder im Plenum oder in Zweiergruppen. Dabei ergeben sich schon eine Reihe von Variationen:

– Erfragen von Namen
– Erfragen von Wohnorten
– Erfragen von Sprachkenntnissen
– ›auch‹ bezogen auf Wohnorte und Sprachen
– ›Guten Tag‹ kann auf die jeweilige Tageszeit bezogen ersetzt werden, wobei der Kursleiter auf die Beziehung von Tageszeiten und Begrüßungsformeln mit Hilfe von B 5 eingehen kann. Bei Aussprachenschwierigkeiten muß eine phonetische Korrektur erfolgen.

B 5

Lesen

Erst nachdem das Hörverständnis und die Aussprache geübt wurden, sollte der Text des Situationsdialogs gelesen werden. Die Vorbereitung dazu erfolgt in drei Phasen:

1. Der Text des Vorspanns und des Situationsdialogs werden vom Tonband abgespielt während die Teilnehmer den Text vor sich liegen haben und sich mit dem Schriftbild vertraut machen.

2. Die Teilnehmer hören den Text abschnittsweise mit und lesen leise diese Abschnitte.

3. Die Teilnehmer lesen den Text mit verteilten Rollen. Die durch die deutsche Schreibweise hervorgerufenen Fehler sollten vom Lehrer korrigiert werden.

A 3

Der Teil A 3 der Lektion 1 ist für die Jugendlichen entwickelt worden, damit sie verdeutlicht über eine andere Situation als die des Unterrichts die Unterscheidung zwischen der Sie-Form und der Du-Form im deutschen Sprachgebrauch lernen.

A 3 Vorspann

Präsentation/Semantisierung

Bild 8

Die Teilnehmer erkennen eine Situation in einer Behörde. Sie erkennen ebenfalls Arif aus A 1 wieder. Text der Legende vom Tonband.

A 3 Situationsdialog

Präsentation

– Dialog im Kontext vom Tonband
– Dialog mit Pausen vom Tonband

Semantisierung

Bild 8

B 6

Bild 14

– »Wie heißen Sie?«

Zur Semantisierung kann B 6 herangezogen werden, der Kursleiter kann durch Gestik und Mimik den größeren Bekanntheitsgrad zwischen Lehrer und Schüler, bzw. die größere Distanz zwischen dem Beamten und Arif verdeutlichen und die damit verbundenen verschiedene Verwendungsweise der Du-Form bzw. der Sie-Form den Jugendlichen begreiflich machen.

– »Wie bitte?«

kann durch eine Geste (Hand ans Ohr!) verdeutlicht werden.

– »Bitte, sprechen Sie langsam.«

Der Kursleiter wiederholt ein aus dem ersten Teil der Lektion bekanntes Stimulus-Respons-Muster und demonstriert durch betont langsames Sprechen die Bedeutung von ›langsam‹.

– »Wie ist der Vorname? / Wie ist der Nachname?«

Die Unterscheidung von Vorname und Familienname kann dadurch verdeutlicht werden, daß der Kursleiter den Namen eines Kursteilnehmers an die Tafel schreibt und dabei der jeweiligen Namensteile unterstreicht und dabei benennt.

Tafel

– »Bitte, buchstabieren Sie.«

ist durch das Beispiel K-A-Y-A schon verdeutlicht. Unterstützung durch das Buchstabieren eines Ortsnamens oder eines Straßennamens.

D 7

In dieser Übung werden die bereits gelernten Strukturen noch einmal aufgegriffen. Zum ersten Mal geübt werden ›Vorname‹ und ›Nachname‹.

Die Teilnehmer lesen die verschiedenen Fragen vor, wobei durch die letzte Leerzeile angedeutet ist, daß auch Raum besteht, um andere Fragen mit aufzunehmen. D 7 ist auch als erste Schreibübung zu verstehen, die die Teilnehmer an das Ausfüllen von Formularen heranführen soll.

Zu beachten ist dabei, daß bei allen schriftlichen Übungen im Grundbuch von den Teilnehmern auf die üblichen Schreibutensilien zurückgegriffen werden sollte. Für das Einsetzen bei schriftlichen Übungen besteht genügend Raum in den schriftlichen Übungen des Arbeitsheftes.

D 8
D 9
D 10

Die folgenden Übungen sind wieder Reihenübungen wie die Übungen D 1 – D 6

B 2
Bild 10

Vor der Übung D 11 sollte mit den Teilnehmern B 2 bearbeitet werden. Dies sollte in der gleichen Form geschehen wie die Einübung der Situationsdialoge, also mit den Einzelschritten Präsentation, Semantisierung und phonetische Korrektur. Die Erarbeitung von B 2 sollte allerdings nicht so intensiv sein und so lange andauern wie dies bei den Situationsdialogen der Fall ist, um nicht die Motivation der Teilnehmer zu sehr zu strapazieren.

D 11

dient zur Festigung der in B 2 neu auftauchenden Struktur der 2. Ps. Pl., sie ist eine Reihenübung wie D 1 – D 6

B 6 D 12
Bild 14

Linke Bildhälfte von B 6 zur Verdeutlichung der Höflichkeitsform heranziehen. Die Teilnehmer fragen, aus dem Buch ablesend, gegenseitig in der Höflichkeitsform.

D 1 – D 12

Um die Unterscheidung der Du-Form von der Sie-Form zu üben, sollte der Kursleiter die Teilnehmer dazu auffordern, alle bisher gelernten Fragen bunt durcheinandergewürfelt einander zu stellen. Dabei soll eine Frage in der Höflichkeitsform in gleicher Weise, also auch in der Höflichkeitsform beantwortet werden.

Die Darstellung der grammatischen Strukturen kann, auf das Wichtigste konzentriert, nach dem Abschluß der Teile A 1 und A 2 und den dazu gehörenden Übungen erfolgen.

In welcher Intensität dies geschehen sollte, hängt davon ab, inwieweit die phonetischen Unterscheidungsmerkmale der einzelnen Strukturen den Jugendlichen deutlich geworden sind. Falls die Jugendlichen z. B. immer noch ›Ich wohnst‹ statt ›Ich

C 1
C 2
C 3
C 4

wohne‹ sagen, können die grammatischen Strukturen an die Tafel geschrieben und die unterscheidenden Merkmale noch einmal hervorgehoben werden, damit die Systematik der Formenbildung erkannt werden kann.

Die in diesem Buch dargestellten grammatischen Formen sollten aber nicht zum Anlaß genommen werden, ein Wissen *über* Grammatik herzustellen – außer die Lerngruppe verlangt dies –, da es bei der diesem Buch zugrunde liegenden Methode nicht vornehmlich darum geht, Wissen über die grammatischen Strukturen der Sprache zu vermitteln, sondern ein Wissen über die adäquate Anwendung von Strukturen in sozialen Situationen.

A 1/A 3 und A 2

Auf A 1/A 3 sind, unter Berücksichtigung der B- und C-Teile, die Übungen D 1 – D 13 bezogen. Die Beschäftigung mit A 2 ist die Voraussetzung für D 14 bis D 18.

Da der Umgang mit den Teilen A 1 und A 3 sowie den dazugehörenden B-Teilen sehr ausführlich beschrieben wurde, beschränken sich die nun folgenden Hinweise auf jene Punkte, die für den Teil A 2 mit den dazugehörenden Übungen spezifisch sind.

A 2 Vorspann
Präsentation/
Semantisierung

Bild 6

Auf dem Bild erkennen die Teilnehmer die Personen von A 1 wieder.

– Inhalt der Sprechblasen vom Tonband

- Inhalt der Sprechblasen mit Pausen vom Tonband.

Die Bedeutung der Texte ist durch das Bild geklärt.

Unter Umständen kann die Weltkarte zur Semantisierung herangezogen werden.

Bild 15

A 2 Situationsdialog

Präsentation

Bilder 6–7

- Dialog im Kontext vom Tonband
- Dialog in Pausen vom Tonband

Der Kursleiter deutet auf die jeweiligen Länder und Städte

Semantisierung

Bilder 6–7

Die Frage nach den Heimatländern ist durch den Vorspann geklärt. Die Frage nach den Heimatorten geht aus dem Bild 7 hervor.

Bild 7

– »Ich verstehe nicht«

Geste des Achselzuckens/Kopfschüttelns

– »Bitte sprechen Sie langsam«

Der Kursleiter spricht ›Düsseldorf‹ einmal schnell und einmal betont langsam.

Phonetische Korrektur

Vorschlag für das Nachsprechen in Einzeldialogen:

- Woher kommst du?
= Ich komme aus der Türkei.
- Und du?
= Ich komme aus Portugal.
- Kommst du aus Lissabon?
= Nein, ich komme aus Porto.
- Ich verstehe nicht. Woher kommst du?
= Aus Düsseldorf.
- Bitte, sprich langsam.
- Wie bitte?
= Ich buchstabiere: D-Ü-...

Falls während dieser Nachsprechphase Ermüdungserscheinungen auftreten, sollte sie durch Übungen aus dem D-Teil unterbrochen werden. Die ersten Minidialoge werden nach dem Nachsprechen sofort auf die Situation der Teilnehmer übertragen, indem die eigenen Heimatländer und -orte eingesetzt werden.

Lexikalisch-Grammatische Einübung

Bild 6
Bild 11

D 13 – D 15

B 10

D 16

Der Kursleiter gibt jeweils den ersten Stimulus; die Teilnehmer fragen einander nach ihren Heimatländern und -orten.

In Kleingruppen und im Plenum.

- Dialog vom Tonband
- Dialog mit Pausen vom Tonband

Übertragung der beiden Formeln ›Ich verstehe nicht‹ und ›Bitte, sprechen Sie langsam.‹ (in der ›Sie‹- und der ›du‹-Form) als Reaktion auf Aussagen, die aus dem ersten Teil der Lektion bekannt sind.

Varianten wie

- Verstehen Sie?
- Verstehst du?

lassen sich an den entsprechenden Stellen einfügen und einüben. Eigennamen und Ortsnamen können hierbei nach dem Muster ›D‹-Ü... buchstabiert und von den Teilnehmern an die Tafel geschrieben werden.

B 11 Buchstabiertafel

Das Lernziel besteht nicht darin, die Buchstabiertafel von ›Anton‹ bis ›Zacharias‹ lückenlos auswendig zu lernen; sie ist als Hilfe, als Tabelle zum Nachschlagen gedacht.

D 17

als Impuls zur Übertragung auf die Kurssituation. Da die Teilnehmer gerade zu Beginn ihres Aufenthalts in der Bundesrepublik – und im Idealfall fällt dies mit den Anfangsschritten des Lernens im Kurs zusammen – bei Ämtern, Behörden und anderen Institutionen immer wieder dazu aufgefordert werden, ihren Namen zu buchstabieren, sollte jeder Teilnehmer am Ende der Lektion dazu in der Lage sein.

Zur Einübung buchstabieren die Teilnehmer einander ihre Namen, und ein Teilnehmer schreibt sie nach Diktat an die Tafel.

Transfer

Die Übertragung des Stoffs der Lektion auf eine neue Situation in einem anderen sozialen Zusammenhang ist im Rahmen der ersten Lektion nur eingeschränkt möglich. Die Situation der gegenseitigen Vorstellung läßt sich jedoch, mit allen hier aktivierten Strukturen auf den beiden Ebenen des ›Sie‹ und ›du‹, in Gruppenarbeit und im Plenum üben, mit dem Ziel, daß die Teilnehmer das, was im Unterricht aktiviert wurde, außerhalb der Kurssituation entsprechend anwenden können.

Lesen

Lesen des Situationsdialogs A2 mit verteilten Rollen.

Grammatische Strukturen

C 5 – C 7

Arbeitsheft

1.1 – 1.9

zur Systematisierung der Strukturen wie im ersten Teil der Lektion

Alle Übungen außer 1.2 sind Lückentexte. Die Teilnehmer füllen sie im Kurs oder als Aufgabe für die nächste Unterrichtsveranstaltung aus.

Im Kurs selbst soll das Arbeitsheft zwei Funktionen erfüllen: was mündlich aktiviert wurde, wird schriftlich geübt und gefestigt. Zum zweiten eignet sich die Beschäftigung mit dem Arbeitsheft für Wiederholungen. Die Teilnehmer arbeiten in Kleingruppen; der Kursleiter geht von Gruppe zu Gruppe und hilft individuell.

Zusammenstellung der Übungen des Arbeitshefts zu Lektion 1

1.1 Dialog als Lückentext – Anrede ›Sie‹
1.2 Spiel mit vertauschten Sätzen – Anrede ›Sie‹
1.3 Dialog als Lückentext – Anrede ›du‹
1.4 Dialog als Lückentext – Anrede ›ihr‹
1.5 Einsetzübungen – wie? – wo? – woher?
1.6 Einsetzübungen – Unterscheidung ›Sie‹/›du‹
1.7 Einsetzübungen – Unterscheidung ›wir‹/›ihr‹
1.8 Einsetzübungen – Unterscheidung ›ich‹/›wir‹
1.9 Einsetzübungen – Unterscheidung in/aus – ohne Artikel
    aus – mit Dativ

Zu Lektion 2

A + B

Themen
Situationen
Informationen

Vorstellung der wichtigsten Personen des Buches mit den Daten über
- Name
- Herkunft
- sozialer Status
- Wohnort
- Alter

Personalangaben auf Ämtern
Berufe
Zahlen
Ausbildungssystem in der Bundesrepublik

C

Grammatische Strukturen

Verben
    Konjugation im Präsens
    Vollverb ›sein‹

Pronomina
    Personalpronomina ›er – sie – es – sie‹
    Possessivpronomina ›mein – dein – Ihr‹ im Nominativ fem.

Syntax
    Fragesatz
    mit Fragepronomen
      – ›was?‹ – ›wer?‹
      – ›welche?‹ attributiv

Zahlen
    Kardinalzahlen

D

Übungen
Sprechintentionen

Personen beschreiben
Personalien erfragen
Zählen
Unterscheiden von Siezen und Duzen in den jeweiligen Situationen
Ausfüllen von Formularen

Leitfaden

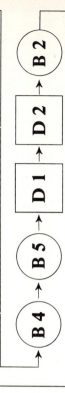
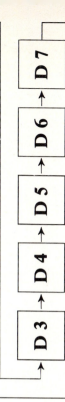
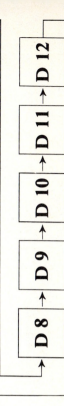

A1 → B1 → B7 → A2 → B3

B4 → B5 → D1 → D2 → B2

D3 → D4 → D5 → D6 → D7

D8 → D9 → D10 → D11 → D12

log. Dabei ordnet er die Sprecher den dargestellten Personen zu.

In dieser Lektion sind Situationsdialog und die Sprechblasen in den Zeichnungen identisch, sodaß mit der Präsentation der Situation zugleich auch die Semantisierung des gesamten Teils A1 erfolgen kann.

Semantisierung

– »**Wer ist das?**« = »**Das ist Arif Kaya.**«

Der Lehrer spielt diese Situation mit einem Kursteilnehmer durch, indem er selbst die Antwort auf die Frage gibt.

– »**Woher kommt er?**« = »**Er kommt aus der Türkei.**«

Wird durch die Denkblase verdeutlicht. Falls dennoch Unklarheiten auftauchen sollten, kann die Europakarte aus Lektion 1 zu Hilfe genommen werden.

– »**Welche Nationalität hat er?**« = »**Er ist Türke.**«

»Nationalität« wird im Zusammenhang mit der Europakarte und durch die Wiederholung des Heimatlandes und der Muttersprache durch Analogien geklärt: »Ich komme aus der Türkei. Ich spreche türkisch. → Ich bin Türke.«

– »**Was ist er von Beruf?**« = »**Er ist Lehrling.**«

Die Bedeutung von Beruf kann schon durch die Denkblasen erklärt werden, eine andere Möglichkeit dabei ist, daß der Lehrer auf sich deutet und sagt: »Ich bin Lehrer« und dazu zum Vergleich B1 einschaltet.

Von besonderer Bedeutung an dieser Stelle ist B 7. Mit Hilfe dieser zusätzlichen Information über das

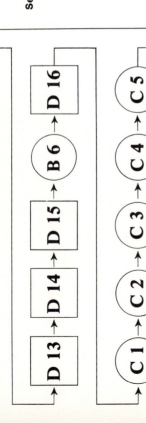

Situationsdialog A 1

Situationsbeschreibung

Präsentation
Bild

Der Kursleiter zeigt das erste Bild; die Teilnehmer erkennen eine der in der ersten Lektion auftauchenden Figuren. Falls sie das Bild von sich aus kommentieren, sollte der Kursleiter darauf eingehen, auf dieser frühen Stufe des Deutschlernens jedoch noch keine Kommentare herausfordern, wenn in der Gruppe das Bedürfnis danach nicht vorhanden ist.

Der Kursleiter spielt den Text zweimal vom Tonband, beim zweiten Mal mit Pausen nach jedem Kurzdia-

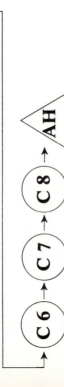

deutsche Bildungssystem kann den Jugendlichen die besondere Bedeutung einer Lehre verdeutlicht werden, die von den ausländischen Jugendlichen häufig nicht richtig verstanden wird, da eine Berufsausbildung in ihren Heimatländern häufig in anderer Weise als in der Bundesrepublik Deutschland stattfindet.

Auf B 7 wird im Zusammenhang mit den Übungen noch stärker eingegangen werden, deshalb sollte es an dieser Stelle nur zu einer groben Bedeutungsklärung dienen.

– »Wo arbeitet er?« = »Er arbeitet in Offenbach.«

»Arbeiten« wird durch die Denkblase erklärt. Sollte dies nicht ausreichen, kann der Lehrer auf seine Funktion zurückgreifen: »Ich bin Lehrer. Ich arbeite hier.«

– »Wie alt ist er?« = »Er ist 17 Jahre alt.«

Die Bedeutung von »Alter« kann hier einmal verdeutlicht werden durch die Denkblasen und einem Geburtsdatum, zum anderen durch die Angabe des Alters des Lehrers (Ich bin ___ Jahre alt.) und einem Vergleich mit dem Alter der Teilnehmer.

Phonetische Einübung

Obwohl bis zu diesem Punkt die Semantisierung und Präsentation des Teils A1 noch nicht abgeschlossen sind, bietet sich jetzt schon eine Phase der phonetischen Einübung an, um Ermüdungserscheinungen bei den Teilnehmern vorzubeugen.

Die phonetische Einübung sollte wie bei den entsprechenden Teilen in Lektion 1 erfolgen.

Präsentation

Bilder

Im folgenden werden die anderen Personen, die im weiteren Verlauf des Buches auftauchen, vorgestellt. Auch hier sollte der Lehrer vorgehen wie in Lektion 1 und wie am Anfang dieser Lektion, also mit den Schritten

– Zeigen der einzelnen Personen mit zusammenhängenden Text vom Tonband

– Zeigen der Bilder mit Vorspielen einzelner Textabschnitte.

Semantisierung

Die Präsentation und die Semantisierung der übrigen Sätze kann jetzt schneller erfolgen, da die grammatischen Strukturen sich wiederholen. Semantisiert werden müssen die verschiedenen Berufe, Nationalitäten und Angaben zum Lebensalter, die mit den gleichen Hilfen wie am Anfang von A verdeutlicht werden können.

Lesen

Nach Präsentation und Semantisierung sowie phonetischer Korrektur werden die beschreibenden Texte zu den Personen gelesen. Der Lehrer sollte dabei darauf achten, daß nicht zu lange Passagen von einzelnen Teilnehmern gelesen werden, da dies für alle ermüdend ist und zu einem Motivationsverlust führen kann.

Zwischenbemerkung zum methodischen Vorgehen

Die oben beschriebene Vorgehensweise sollte vom Lehrer nicht als Schema F verstanden werden, sondern als Gerüst für den Unterricht genommen werden. Sollte aus der Lerngruppe heraus schon Aktivität kommen, indem die Teilnehmer sich zu den dargestellten Personen äußern, oder indem sie ihre eigene Situation mit dem Dargestellten vergleichen, bietet dies dem Lehrer eine sehr gute Möglichkeit, auf die Situation der Teilnehmer einzugehen und damit die Sprache als Kommunikationsmittel erfahrbar zu machen. Dabei sollte er je nach Voraussetzung der Lerngruppe andere Teile der Lektion wie z . B. Übungen oder zusätzliche Informationen in den Unterricht einbeziehen, um den Unterricht lebendig zu halten und um damit die Motivation zu erhöhen.

Je nach Lerngruppe kann er auch die folgenden Schritte bei der Erarbeitung der Lektion in verschiedenen Richtungen vornehmen. Einmal besteht die Möglichkeit, mit den Übungen D 10 – D 12 die bisher passiv erfahrenen Strukturen zu aktivieren und zu festigen, er kann aber auch sofort mit A 2 den Unterricht fortsetzen. Wie damit umgegangen werden kann, soll im folgenden gezeigt werden.

A 2 Situationsdialog

Präsentation
Bild

- Vorspielen des Dialogs im Zusammenhang
- Vorspielen des Dialogs in einzelnen Sätzen

Semantisierung

B 3   B 4   B 5

In diesem Dialog liegt der Schwerpunkt auf der Verdeutlichung der höflichen Sie-Form und auf der Verwendung der bisher in der 1. Ps. Sg. vorgestellten Verben in der 3. Ps. Sg.. Neue Begriffe sind daher nicht zu semantisieren, es ist vielmehr die verschiedene Verwendungsweise der grammatischen Strukturen zu verdeutlichen, was mit Hilfe der Teile B 3 bis B 5 geleistet werden kann, indem diese zum Verständnis herangezogen werden.

Phonetische Einübung

Die phonetische Einübung sollte wie in Lektion 1 vorgenommen werden, also mit den Schritten

- Vorspielen des Dialogs
- Vorspielen einzelner Sätze
- Nachsprechen mit individueller Korrektur.

Rollenspiel

Bei dem Thema dieses Dialogs bietet es sich an, ziemlich schnell zu einem Rollenspiel der Teilnehmer überzugehen, in dem der Dialog verwendet wird. Dabei kann der Lehrer zur Aktivierung und Festigung einiger Strukturen auf entsprechende Übungen aus dem D-Teil vorgreifen oder eventuell kontrastiv zur Höflichkeitsform »Sie« die gegenüber Gleichaltrigen adäquate Verwendung des »Du« mit Hilfe von B 5 einüben.

B 5
Lesen

Gelesen werden kann schon während der Einübung des Rollenspiels, allerdings erst nach der individuellen Korrektur der Aussprache.

Lexikalisch-Grammatische Einübung

D 1

Die Teilnehmer fragen reihum nach ihrer Nationalität. Die deutschen Bezeichnungen für die Nationalitäten werden mit korrigierender Hilfe des Lehrers nachgesprochen, falls sich Schwierigkeiten mit der Aussprache oder muttersprachliche Interferenzen ergeben.

Der erste Impuls kommt vom Lehrer.

D 2

Außer dem in der Antwort vorgegebenen »nein« kann aus der Lektion 1 das »auch« wieder aufgenommen werden, z. B.:

- Bist du Spanier?
= Ja. Und du?
+ Ich bin auch Spanier

D 2

Darüber hinaus lassen sich im Zusammenhang mit diesen Übungen Redewendungen aus der ersten Lektion wie

- »Ich verstehe nicht.« oder
- »Bitte, sprechen Sie langsam!«

innerhalb der Dialogsituation aufnehmen.

B 2

Bevor in D 4 die Altersangaben geübt werden, sollten die Kardinalzahlen beherrscht werden.

Die Teilnehmer hören die Zahlen vom Tonband und lesen sie gleichzeitig aus dem Buch ab.

Die Teilnehmer hören die Zahlen ein zweites Mal, vom Tonband und üben sie dabei reihum in 10er-Reihen ein, so daß jeder nur einen Teil dieser Ziffernreihe übernimmt. Treten bei den einzelnen Teilnehmern Schwierigkeiten auf, wird das Zählen zusätzlich in Zweier- oder Dreiergruppen geübt.

Zahlenspiel

Falls im Verlauf des Unterrichts schon eine Vertrautheit unter den Teilnehmern entstanden und eine Spielbereitschaft vorhanden ist, kann ein einfaches Zahlenspiel gemacht werden: Die Teilnehmer zählen der Reihe nach die Zahlen durch, setzen aber z. B. für jede Zahl der Dreierreihe (3-6-9-12 etc.) ein beliebiges Wort ein. Wer dieses Wort nicht einsetzt, sondern die Zahl, scheidet aus.

D 3

Die Teilnehmer schlagen die Bücher auf und fordern sich gegenseitig auf, die Zahlen zu lesen. Zusätzlich kann diese Übung auch als Schreibübung verwendet werden, um das Ausschreiben der Zahlen zu lernen.

D 4

Die Teilnehmer fragen sich gegenseitig nach dem Alter, der Lehrer gibt den ersten Impuls.

D 5

Diese Übung kann erweitert werden durch die Frage nach dem Beruf des Vaters (Was ist dein Vater?), wobei B 1 hinzugezogen werden kann, indem die Teilnehmer die Bilder sehen und den Text dazu hören.

D 6

Wie alle Übungen sollte auch diese direkt auf die Kurssituation bezogen werden, indem die Jugendlichen sich nach der Adresse von anderen erkundigen. Dabei werden nicht nur Straßennamen austauschen, sondern auch Plätze, Gassen und Wege genannt werden, wobei der Kursleiter auf eine genaue Aussprache zu achten hat. Ergänzt werden sollte dies durch Anschreiben verschiedener Adressen und lautem Vorlesen, um die Umsetzung von Straßennamen in gesprochener Sprache zu erleichtern.

D 7

Bei dieser Übung wird der erste Dialog vom Tonband gespielt, eventuell mehrmals, und die Teilnehmer bilden nach diesem Muster auf der Grundlage der Bilder im Buch die entsprechenden Kurzdialoge. Neben einer Erweiterung der Sprachbeherrschung von einfachen Stimulus-Respons-Mustern zu Minidialogen dient diese Übung auch dazu, die Kursteilnehmer mit einigen Personen des Buches vertraut zu machen.

Transfer

Die Vorstellungssituation in A2 kann jetzt, falls dies nicht bereits im Rahmen der phonetischen Einübung geschehen ist, in einem Rollenspiel im Plenum des

D 8

Kurses dargestellt werden. Dabei sollte darauf geachtet werden, daß entweder die »Du-Form« oder die »Sie-Form« konsequent durchgehalten wird, damit die Unterscheidung zwischen diesen beiden Formen deutlich wird.

Die Durchführung der Übung D 8 als Schreibübung kann die Grundlage zu einem Ratespiel sein. Zu diesem Spiel bringt der Kursleiter Karteikarten mit, auf die die Teilnehmer die in D 8 geforderten Angaben über ihre Person eintragen. Dann werden die Karten gemischt und neu verteilt. Nacheinander lesen jetzt die Jugendlichen die ihnen zugespielten Karten vor, und die anderen Teilnehmer müssen raten, wessen Personalien vorgelesen werden.

D 9

Diese Übung gibt den Jugendlichen die Möglichkeit, selbst Bilder in das Buch einzukleben oder in die leeren Flächen zu zeichnen. Die Anregung kann der Lehrer dazu geben, indem er ein Bild einklebt und dies den Jugendlichen zeigt.

D 10

D 10 gibt die Stimuli, mit denen Personen aus A1 von den Teilnehmern beschrieben werden. Dabei kommt es nicht so sehr auf die genaue Beschreibung an, sondern vielmehr auf die richtige Verwendung der Strukturen.

D 11

Die vorhergehende Übung wird nun erweitert durch die Möglichkeit der phonetischen Korrektur durch Tonband und die Einbettung in eine Situation, die als Anregung dienen kann, die Vorstellungssituation als Rollenspiel in Dreiergruppen zu üben.

D 12

Diese Übung bringt Impulse, die die Verneinung erfordern. Sie kann zum freieren Umgang mit der Sprache führen, indem sie zuerst mit dem Buch, dann ohne das Buch durchgeführt wird.

D 13

Mit dieser Übung werden die Kursteilnehmer näher an reale Sprechsituationen herangeführt, indem der Lehrer ohne das Medium des Tonbands die Jugendlichen nach Angaben über ihre Person fragt.

D 14 | D 15

D 14 + 15 korrespondieren mit B 6, das Voraussetzung für diese Übung ist. Eingeübt wird B 6 wie die Situationsdialoge in den A-Teilen also mit den Schritten

– Dialog im Kontext vom Tonband
– Dialog mit Pausen vom Tonband
– Die Teilnehmer spielen die Szene in Kleingruppen im Plenum
– Übertragung auf die Kurssituation, zuerst mit, dann ohne Buch.

B 6

D 16

Die letzte Übung dient als Anregung zur freien Bildung von Dialogen.

Zur Systematisierung

C 1 – C 8

Arbeitsheft
2.1. – 2.9.

Zusammenstellung der Übungen des Arbeitshefts und Transkription der Hörverständnistexte

2.1 Leseverständnis mit Auswahlantworten

2.2 Hörverständnis mit Auswahlantworten

Herr Leroc: Guten Abend, Frau Miller! Sprechen Sie Deutsch?
Margret Miller: Ein bißchen.
Herr Leroc: Marie spricht auch ein bißchen Deutsch.
Marie Leroc: Ja, ein bißchen. Ich spreche Französisch und – (eh) – Spanisch.

Herr Leroc:	Welche Sprache sprechen Sie, Frau Miller?	Osman:	Ich bin auch nicht verheiratet. Wo arbeitest du?
Margret Miller:	Englisch.	Dorte:	Ich bin Lehrling hier in Düsseldorf im Reisebüro. Und wo arbeitest du?
Herr Leroc:	Sind Sie Amerikanerin?	Osman:	Ich arbeite nicht. ich studiere.
Margret Miller:	Nein. Ich komme aus London. Ich bin Engländerin. Und Sie? Kommen Sie aus Paris?	Dorte:	Was denn?
		Osman:	Architektur.
Herr Leroc:	Nein, wir kommen aus Lyon. Ich bin Ingenieur, und Marie ist Hausfrau. Sind Sie auch Hausfrau, Frau Miller?	Dorte:	Hier in Düsseldorf?
		Osman:	Nein, ich studiere in Berlin. (Pause/Musik wird lauter, dann wieder leise) Wie ist deine Adresse, Dorte?
Margret Miller:	Nein, ich bin Sekretärin. Ich arbeite in Frankfurt. Arbeiten Sie auch in Frankfurt, Herr Leroc?	Dorte:	Das Reisebüro ist in der Königsallee. Telefon 55 70 50.
Herr Leroc:	Ja. Wo wohnen Sie, Frau Miller?	Osman:	Bitte, langsam. Wie ist die Telefonnummer?
Margret Miller:	Ich wohne in Hanau.	Dorte:	5-5-7-0-5-0.
		Osman:	Danke!
			(Laute Musik)

2.3 Dialog als Lückentext Anrede ›ihr‹

2.4 Hörverständnis

In der Diskothek (Musik im Hintergrund)

Dorte:	Ich heiße Dorte. Und du?
Osman:	Osman.
Dorte:	Bist du Türke?
Osman:	Ja.
Dorte:	Kommst du aus Istanbul?
Osman:	Nein, aus Izmir. Und du?
Dorte:	Ich bin Dänin.
Osman:	Kommst du aus Kopenhagen?
Dorte:	Ja. Ich bin 18, und du?
Osman:	Ich bin 20 Jahre alt. Bist du verheiratet, Dorte?
Dorte:	(Lacht) Nein, ich bin ledig.

2.5 Dialog als Lückentext – Wer ist das? – er

2.6 Einsetzübungen Vollverb ›sein‹ – Konjugation im Präsens

2.7 Einsetzübungen Sie – Ihr – Ihre

2.8 Einsetzübungen du – dein – deine

2.9 Test

Zu den Lektionen 3 und 4

Fragen für den Lehrer:

– Welche Wünsche haben die Jugendlichen?
  Woher kommen diese Wünsche?
  Wie stehe ich als Lehrer zu diesen Wünschen?
  Welche Möglichkeiten können sich die Jugendlichen erfüllen?
  Wo sind die Grenzen?

– Welche Erfahrungen haben die Jugendlichen mit Einkaufssituationen?
  Wie wird im Heimatland eingekauft?
  Wer ist in der Familie normalerweise für das Einkaufen zuständig?
  Wer verwaltet das Geld?
  Wieviel Geld steht den einzelnen Familienmitgliedern wofür zur Verfügung?
  Wo wird in der Regel was eingekauft?
  Gibt es eventuelle bessere Möglichkeiten zum Einkaufen?
  Sind diese bekannt und werden sie wahrgenommen?

– Was sollte in Einkaufssituationen beachtet werden?
  Wie kann man sich vor den verschiedenen Tricks des Verkaufsmanagements entziehen?
  Welche rechtlichen Möglichkeiten hat der Käufer im Fall eines Fehlkaufs oder eines Betrugs? (Umtauschrecht bei Garantie oder Rückgaberecht bei betrügerischen Verkaufs)
  Gibt es eine Möglichkeit, Qualitäten festzustellen? (Verbraucherberatungsstellen)

Zu Lektion 3

A 1 Im Lebensmittelgeschäft

A + B

Themen
Situationen
Informationen

Einkaufen von Lebensmitteln
Inanspruchnahme von Dienstleistungen (Post, Verkehrsbetriebe etc.)
Preise
Gewichte
Grundrechenarten

C

Grammatische Strukturen

Verben
  Konjugation im Präsens von ›haben‹ und ›kosten‹ und dem Modalverb ›wollen‹

Substantive
  im Nominativ

Adjektive
  im prädikativen Gebrauch

Syntax
  Fragesatz
  mit Fragepronomen ›wieviel?‹ – ›warum?‹

D

Übungen
Sprechintentionen

Waren anfordern
Qualität und Preise erfragen
Rechnen

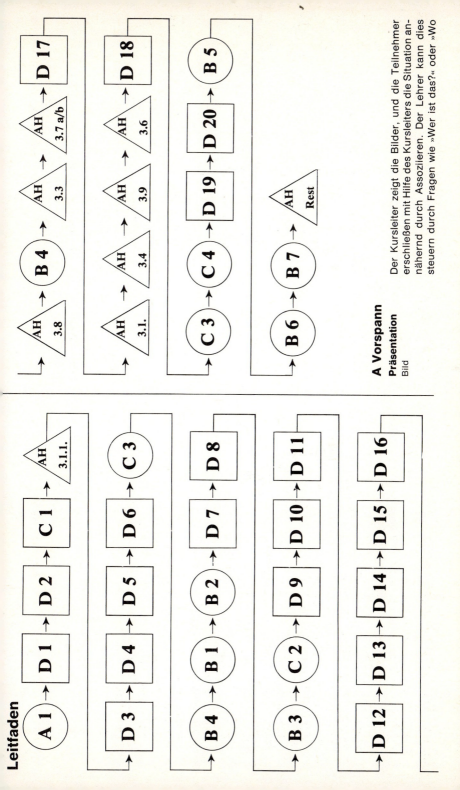

**A Vorspann
Präsentation**
Bild

Der Kursleiter zeigt die Bilder, und die Teilnehmer erschließen mit Hilfe des Kursleiters die Situation annähernd durch Assoziieren. Der Lehrer kann dies steuern durch Fragen wie »Wer ist das?« oder »Wo ist er?«. Dieses Assoziieren gibt dem Kursleiter die Möglichkeit, festzustellen, was noch zu semantisieren ist und was schon im Erfahrungsbereich der Kursteilnehmer liegt. Damit werden überflüssige Erklärungen vermieden, und die Phase der Präsentation und Semantisierung kann kurz gehalten werden.

In Kursen mit Minimalkenntnissen der Teilnehmer sollte der Lehrer sich in der Phase der Präsentation nur an das Vokabular und die Strukturen halten, die in den vorangegangen Lektionen und Übungen erlernt wurden.

In dieser Lektion wird der beschreibende Text der Bildunterschriften wie die Dialoge im Verlauf der Erarbeitung des Stoffes aktiviert, um die Teilnehmer zu befähigen, nicht nur ihre Wünsche und Bedürfnisse (»Ich habe Hunger. Ich will etwas essen.«) direkt auszudrücken, sondern auch Beschreibungen der Situation anderer Personen vornehmen zu können.

Semantisierung	
Bild	– Sprechblasen und Legende im Kontext vom Tonband
	– Sprechblasen und Legende mit Pausen vom Tonband

Die Bedeutung der meisten sinntragenden Wörter läßt sich aus den Bildern erschließen. Folgende Hilfen können gegeben werden.

– **»Pause«**

Aus der Kurssituation bekannt.

– **»Sie wünschen?«**

Durch eine Handbewegung unterstützen.

– **»Er will etwas essen und trinken.«**

In Beziehung setzen zu ›Hunger‹ und ›Durst‹

– **»Sonst noch etwas?«**

Aufzählen: zwei Brötchen, eine Dose Cola, – sonst noch etwas?

– Sprechblasen und Legende im Kontext vom Tonband.

A Situationsdialog

Präsentation/ Semantisierung	
Bild	– Dialog im Kontext vom Tonband
	– Dialog mit Pausen vom Tonband

Semantisierungshilfen zur Auswahl:

– **»Ist die Cola kalt?«**

– Thermometer an der Tafel skizzieren und ›kalt‹ bzw. ›warm‹ verdeutlichen

– **»ziemlich kalt«**

Tafel	– am Thermometer demonstrieren: 30° C = sehr warm; –20° C = sehr kalt; –2° C ziemlich kalt

– **»Ist das alles?«**

In Analogie mit ›Sonst noch etwas?‹ bringen.

– **»Ja, das wär's.«**

– wie ›Ich hätte gern.‹ nicht als grammatische Form lernen lassen, sondern als Redewendung.

– **»Ja, das ist alles.«**

– durch eine Handbewegung ausdrücken, daß man nichts mehr will.

Phonetische Korrektur	Individuelles und dialogisches Nachsprechen der Teile des Situationsdialogs, die für die Erarbeitung des Stoffs relevant sind.

Ansätze zu Strukturübungen, am D-Teil orientiert, können in die Nachsprechphase integriert werden. Zum Abschluß dieser Phase vollziehen die Teilnehmer den Situationsdialog in Zweiergruppen und im Plenum als Rollenspiel nach.

Rollenspiel

Zur Vergewisserung schlagen die Teilnehmer dabei im Buch nach – ein Auswendiglernen des Situationsdialogs in der Reihenfolge seiner Teile sollte vermieden werden; es geht allein darum, die Situation im Lebensmittelgeschäft in ihren Grundzügen direkt – und eventuell auch indirekt als knappe Beschreibung mit den Worten der Bildlegende des Vorspanns – wiederzugeben.

Lesen

Lesen der beschreibenden Sätze des Vorspanns und des Situationsdialogs mit verteilten Rollen.

Lexikalisch-Grammatische Einübung

|D 1|

Der Kursleiter setzt den ersten Stimulus: »Arif hat Pause. Und du? Hast du auch Pause?« (Hunger, Durst)

|D 2|

Die Teilnehmer rufen einander ein, nachdem der Lehrer den ersten Impuls gegeben hat.

(C 1) Tafel

Zur Systematisierung. Erweiterung um die Verbformen für die dort fehlenden Personalpronomina ›sie‹, ›wir‹ und ›ihr‹, jeweils in vollständigen Sätzen.

Arbeitsheft

3.11

Lückentext: Flexion von ›haben‹ und ›wollen‹. Der Kursleiter hilft beim Einsetzen der Wörter und verweist auf C 1.

Der Kursleiter verteilt die zu dem Buch mitgelieferten Bildkarten. Dann fragt er den ersten Teilnehmer: »Was kauft Arif?« »Er kauft . . .« – der Teilnehmer setzt den auf seiner Bildkarte angegebenen Gegenstand ein. Bei dieser Übung empfiehlt sich eine Erweiterung durch die Herstellung eigener Bildkarten mit Hilfe eines Warenhauskatalogs oder von Prospekten. Die Bilder werden auf Karteikarten geklebt.

|D 3| Karten

Die Karten werden neu verteilt. Zuerst mit dem Buch, dann ohne Buch werden im Reihendialog bzw. Partnerdialog die Redewendungen in einer Einkaufssituation eingeübt. Spielideen von den Jugendlichen wie z. B. Rollenspiele sollten selbstverständlich vom Lehrer aufgegriffen werden.

|D 4| Karten
|D 5|

Der Kursleiter gibt den ersten Impuls, dann fragen die Teilnehmer einander nach den Preisen und addieren diese. Dabei kann anfänglich das Buch zu Hilfe genommen werden, im weiteren Verlauf des Unterrichts sollte dazu übergegangen werden, freier zu sprechen.

|D 6|

zur Systematisierung

Bei Ausspracheschwierigkeiten der Zahlen und DM-Beträge sollte auf B 4 zurückgegriffen werden.

– Vorspielen des Tonbands
– Ausspracheübung mit individueller Korrektur
– Präsentieren und Semantisieren wie ein Situationsdialog

(C 3) Tafel
 B 4

– Dialogisches Einüben, auch mit Hilfe der Bildkarten. Die Preise der Waren sollten dabei aktualisiert werden, andere Waren sollten integriert werden.

 B 1

Die Bezeichnungen für die Gewichte werden geklärt.

(B 2) Tafel

D7 **D8** Karten

Transfer

Durch B1, B2 und B4 vorbereitet können jetzt die Teilnehmer mit den Bildkarten das Einkaufen von verschiedenen Lebensmitteln üben. Als Anregung dienen hierbei die Übungen D7 und D8.

Mit Hilfe der mitgelieferten oder selbst hergestellten Bildkarten kann jetzt ein Rollenspiel durchgeführt werden. Noch besser ist es, die Jugendlichen in Zweier- oder Dreiergruppen einige Kleinigkeiten einkaufen zu lassen. Allerdings sollte der Lehrer darauf achten, ob dies angesichts der meist schlechten materiellen Situation der ausländischen Jugendlichen durchführbar ist, und ob nicht Möglichkeiten geschaffen werden können, den Jugendlichen für diese Übung »Einkaufen« von anderer Seite geholfen werden kann.

Grundrechenarten

Die Kenntnis der deutschen Begriffe für die Grundrechenarten ist eine Voraussetzung für die Orientierung im Alltag. Bevor die dazu entwickelten Übungen zur Versprachlichung des Rechnens durchgeführt werden, müssen die wichtigsten Begriffe mit Hilfe von B3 geklärt werden.

B3

Nacheinander werden die exemplarischen Aufgaben zur Addition, Subtraktion, Multiplikation und zum Dividieren im Dialog nachgesprochen.

C2 Tafel

Zur Systematisierung

D9 – D14

Die Teilnehmer stellen einander die vorgegebenen Rechenaufgaben; ›Kopfrechnen‹ sollte nur dann durchgespielt werden, wenn die Teilnehmer sich dazu motiviert fühlen. Ziel ist, die deutschen Begriffe für das Rechnen einzuführen, nicht, mathematisches Elementarwissen zu prüfen.

D 15 + D 16
+ Tafel

Der Kursleiter demonstriert die landesüblichen Rechenwege des Multiplizierens und des Dividierens – in Spanien und in der Türkei zum Beispiel multipliziert man anders!

Arbeitsheft △ 3.8

Aufgaben zum schriftlichen Multiplizieren und Dividieren

DM-Beträge

– Nachsprechen von ausgewählten Beispielen
– Lesen mit Erläuterungen des Kursleiters zur Schreibweise

B 4

Ausschreiben von DM-Beträgen

Arbeitsheft △ 3.3 △ 3.7

a) Ausschreiben von Pfennig-Beträgen
b) Ausfüllen eines Scheck-Formulars

D 17

Dies ist eine Übungsform, die die Eigenaktivität der Teilnehmer fördern und zu einem flexibleren Umgang mit den Inhalten einer Lektion beitragen soll. Um die Übung durchführen zu können, muß vorher noch einmal der Situationsdialog A gelesen werden. Die im Buch vorgegebenen Fragen stellt der Kursleiter, er kann auch andere, auf der Grundlage des bisher Gelernten den Teilnehmern verständliche Fragen stellen. Die Teilnehmer sollen durch diese Übung auch motiviert werden, selbst Fragen zum Text zu stellen.

Arbeitsheft △ 3.1
oder △ 3.4 △ 4.9 △ 3.6

Leseverständnisübungen mit offenen Antwortmöglichkeiten; in Kleingruppen oder im Plenum.

Einsetzübungen: ›kostet‹ – ›kosten‹

Lückentext ›Im Lebensmittelgeschäft‹
– Die Teilnehmer arbeiten in Gruppen und setzen die fehlenden Wörter ein

D 18

- als Diktat: der Kursleiter diktiert jeweils den vollständigen Satz; die Teilnehmer füllen die Lücken entsprechend aus

D 18 bis D 20 bilden einen Übungskomplex.

Zuordnung von Dialogteilen.

Ziel dieser Übung ist, daß Teilnehmer lernen, mit den unterschiedlichen Redewendungen, die in Einkaufssituationen üblich sind, umzugehen.

C 3 C 4

Tafel

zur Systematisierung

D 18 wird in Zweiergruppen mit verteilten Rollen gelesen; Frage – Antwort – Gegenfrage werden, eventuell durch Numerieren, einander zugeordnet; die Reihenfolge läßt einige Varianten zu.

Die Teilnehmer setzen die fehlenden Wörter ein; es bleibt genügend Spielraum für beliebige Lebensmittel, nur die Lücke ›Was kostet _____?‹ ist vom Preis und von der Gewichtsangabe her durch die zuzuordnende Antwort ›Eine Mark vierzig das Pfund‹ limitiert.

Der Kursleiter geht von Gruppe zu Gruppe und hilft individuell. Die Teilnehmer vergleichen die Resultate im Plenum.

Da es sich um die erste Übung dieser Art handelt, sollte sie eventuell zuerst vom Kursleiter im Plenum demonstriert werden.

Diese Übung aktiviert noch einmal das sprachliche Material das für D 19 notwendig ist.

D 19

Umsetzung eines beschreibenden Textes in die Dialogform; Textbrücken sind für den Dialog vorgegeben.

Verteilung der Rollen auf drei Teilnehmer:

- Beschreibende Sätze als jeweils erster Impuls
- + Verkäufer
- X Kunde

Einübung in Dreiergruppen; zuerst mündlich, danach schriftlich.

Vergleich der Resultate im Plenum.

D 19 leitet zu D 20 über; D 20 ist ein beschreibender Text, der Vorgaben für ein Gelenktes Gespräch gibt. Die Teilnehmer formen den Text in einen Dialog um, ohne daß ihnen, wie in D 19, Textbrücken als Hilfe zur Verfügung stehen.

Karten

D 20

Vorgehensweise:

- Situationsbeschreibung im Kontext vom Tonband
- die Karten werden verteilt
- Situationsbeschreibung in Pausen vom Tonband
- die Teilnehmer stellen einander, entsprechend den Karten, die sie in der Hand haben, Fragen wie:
  ›Was kostet der Schinken? – Ist der Käse teuer?‹ etc.
- daraus ergibt sich schließlich ein Dialog mit der Rollenverteilung Kunde – Verkäufer, in den alle Vorgaben der Situationsbeschreibung aufgenommen werden.
- Schriftlich In Zweiergruppen bei geöffnetem Buch.
- **Erweiterung:**
  alle Karten zu Lektion 3 werden verteilt; die Teil-

nehmer spielen die Einkaufssituation mit allen Stimuli und Responsi, die sie im Verlauf der Erarbeitung des Stoffs der Lektion kennengelernt haben, durch.

Transfer **In der Metzgerei / Fleischerei / Beim Schlachter**
entsprechend der regionalen Ausdrucksweise am Unterrichtsort.

In der Bäckerei
Rollenspiel zum Einkauf von Fleisch und Wurst bzw. Brot und Backwaren. Das entsprechende Vokabular wird eingeführt, Wörter und Redewendungen, die die Teilnehmer einbringen, integriert.

Transfer **Auf der Post** als Situationsdialog.
Semantisierung: durch das Bild vorgegeben.

(B 5) Dialogisches Einüben des Textes.

Varianten:
nach **Spanien** → Heimatländer der Teilnehmer
Briefmarken → Werte, die den Briefsendungen in die Heimatländer entsprechen.

Als Tips für die Vorbereitung: aktuelles Informationsheft der Bundespost.

Einschreibbrief → Telegramm o. ä.

(B 6) **Auf der Bank** (wie B)
Semantisierung:
abheben – Ich brauche Geld von meinem Konto.

Variante:
abheben – einzahlen
Scheck ausfüllen.

(B 7) **Am Fahrkartenschalter** (wie B 5)
Semantisierung durch die Zeichnung vorgegeben.

Varianten:
– Eintrittskarten für den Zoo, für ein Theaterstück etc.

Zusammenstellung der Übungen des Arbeitshefts
Transkription der Hörverständnistexte

3.1 Lese- und Schreibübung: Zwei Arbeiterinnen kaufen in der Mittagspause ein

3.2 Hörverständnis – Frau Leroc am Gemüsestand

Auf der Straße (Verkehrsgeräusche)

Verkäufer:	Tomaten! Äpfel! Bananen! Kaufen Sie Tomaten!
Frau Leroc:	Was kostet das Pfund?
Verkäufer:	Das ist heute ganz billig. 1,20 DM.
Frau Leroc:	Billig – sagen Sie? Das ist teuer!
Verkäufer:	Die Tomaten sind sehr gut!
Frau Leroc:	Gut, ich nehme ein Kilo.
Verkäufer:	Hier ist Ihr Kilo Tomaten. Und noch eine Tomate <u>extra</u>.
Frau Leroc:	Danke sehr. Das ist sehr nett. Haben Sie auch <u>Pilze</u>?
Verkäufer:	Natürlich! Champignons, prima Champignons! Ein halbes Pfund 2,– DM.
Frau Leroc:	2,– DM? Das ist sehr teuer!

	Verkäufer:	Meine Dame, das verstehe ich nicht. Ein halbes Pfund Champignons − 2,− DM, und Sie sagen nein??	Danka:	Willst du ein Brötchen?
	Frau Leroc:	(lacht) Gut, ich nehme ein Pfund.	Anna:	Ja, danke schön. Ich habe Schinken und Käse. Was möchtest du?
	Verkäufer:	Ein Kilo Tomaten 2,40 DM, ein Pfund Champignons 4,− DM, das macht zusammen 6,40 DM.	Danka:	Ein bißchen Schinken, bitte.
	Frau Leroc:	Haben Sie auch Weintrauben?	Anna:	Ich habe Durst, du auch?
	Verkäufer:	Heute nicht. Morgen habe ich Weintrauben.	Danka:	Ja, ich möchte auch etwas trinken. Wollen wir eine Flasche Wasser kaufen?
	Frau Leroc:	Hier sind 6,40 DM.	Anna:	Ja. Und eine Flasche Limonade. Noch etwas?
	Frau Leroc:	Auf Wiedersehen!	Danka:	Ein Pfund Erdbeeren?
	Verkäufer:	Auf Wiedersehen!	Anna:	Sind die Erdbeeren nicht sehr teuer?
			Danka:	Nein. Die kosten heute 1,50 das Pfund.
	Die unterstrichenen Wörter werden, soweit sie nicht aus dem Zusammenhang verständlich sind, erklärt.		Anna:	Das ist billig! Nehmen wir ein Kilo!
3.3	Schreibübung: DM-Beträge in Worten		3.6	Lückentext: Konjugation der Verben im Präsens
3.4	Lese- und Schreibübung: Eine Büroangestellte/eine Hausfrau kauft ein		3.7	Schreibübung: a) Pfennigbeträge in Worten b) Scheck
3.5	Hörverständnis:		3.8	Multiplizieren und Dividieren
	Im Büro (Schreibmaschinengeklapper − bricht ab)		3.9	Lückentext: kostet − kosten
	Danka:	Du, Anna, möchtest du auch etwas essen?	3.10	Schreibübung/Auswahlspiel: Prädikativer Gebrauch der Adjektive
	Anna:	Ja, Danka, ich habe Hunger.	3.11	Lückentext: Konjugation von ›haben/wollen‹ im Präs.
	Danka:	Wollen wir Pause machen?	3.12	Schreibübung: Einkaufen
	Anna:	Gern.	3.13	Test

Zu Lektion 4

A 1 Im Elektrogeschäft
A 2 Im Jeansladen

A + B
Themen
Situationen   Einkaufen
Informationen   Gegenstände des täglichen Bedarfs
                      Adjektive zur Qualifikation von Gegenständen

C
Grammatische   Substantive
Strukturen   Deklination im Akkusativ

                      Artikel
                      bestimmter Artikel im Nominativ
                      unbestimmter Artikel im Nominativ und Akkusativ

                      Pronomina
                      unbestimmtes Pronomen ›ein‹ im Akkusativ

                      Syntax
                      Verb + Akkusativergänzung

D
Übungen
Sprech-   Waren und Preise erfragen
intentionen   Waren mit Begründung zurückweisen
                      Nach Alternativen fragen

Leitfaden

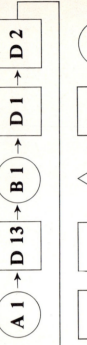
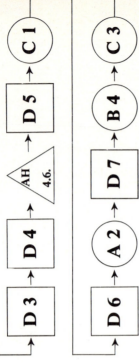
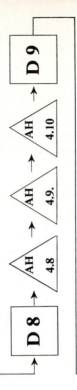
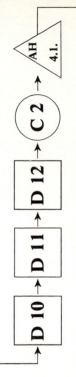

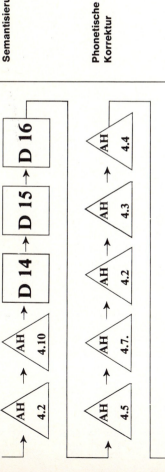

Vorspann A 1

Präsentation
- Vorführen der Bilder ohne Text. Fragen zur assoziativen Erschließung der Situation:
  - ›Wer ist das?‹
  - ›Wo ist das?‹
  - ›Was möchte sie?‹
  - ›............?‹
- Text vom Tonband im Zusammenhang
- Text in Pausen

Semantisierung

Situationsdialog A 1

Präsentation
- Text im Zusammenhang
- Text in Pausen

Semantisierung

– »Der ist **zu teuer**«: Der Kursleiter schreibt den Betrag von DM 100,– an die Tafel und vergleicht diesen Betrag mit dem Preis des Kassettenrecorders.

– »**nebenan**«: durch Beispiele, die auf den Unterrichtsraum bezogen sind, z. B.: ›Die Treppe ist gleich nebenan.‹

Die phonetische Einübung kann bereits im Zusammenhang mit der Semantisierung einzelner Teile des Situationsdialogs erfolgen. Um die Teilnehmer im Unterricht stärker zu aktivieren, kann diese Einübung auch in Form von kurzen Rollenspielen, die Dialogteile aufnehmen, erfolgen.

Wichtig dabei ist, daß dabei nicht starr am Dialog festgehalten wird, es ist vielmehr für einen lebhaften und interessanten Unterricht von großem Vorteil, wenn Ideen der Kursteilnehmer aufgenommen werden.

Phonetische Korrektur

Je nach der Entwicklung des Unterrichts können sich dann auch Gelegenheiten ergeben, einzelne Übungsteile oder zusätzliche Informationen aus den B-Teilen bereits in die Phase der phonetischen Erarbeitung einzubauen.

Wie Übungsmuster II

D 13

Die Fragen zum Text sollten durch Fragen der Kursteilnehmer erweitert werden. Anregen kann der Lehrer dazu, indem er einige selbst entwickelte Fragen an die Teilnehmer stellt und dann einen relativ fortgeschrittenen Teilnehmer auffordert, eine Frage zum Text an einen anderen Teilnehmer zu stellen, der dann wiederum eine Frage stellen muß usf.

B 1

Dieser Teil dient zur Erweiterung des Wortmaterials und sollte vom Lehrer als Anregung verstanden werden, Gegenstände aus dem Alltagsleben der Jugendlichen mit in den Unterricht einzubeziehen. Dies kann zum Beispiel dadurch geschehen, daß im Unterricht mit Hilfe alter Zeitschriften oder Warenhauskataloge und Karteikarten von den Jugendlichen selbst Bildkarten dargestellt werden, die dann auch später bei den verschiedenen Übungen eingesetzt werden können.

D 1 wie Übungsmuster I

D 2 wie Übungsmuster I
Karten

Bei dieser Übung können bereits die im Zusammenhang mit der Behandlung von B 1 hergestellten Bildkarten einbezogen werden.

Diese Übung kann auch bereits mit einem kleinen Rollenspiel, das eine Einkaufssituation darstellt, verbunden werden.

D 3 wie Übungsmuster I

D 4 wie D 2. Eine andere Möglichkeit diese Übung durchzuführen, besteht darin, die Teilnehmer sich gegenseitig nach Gegenständen im Raum fragen zu lassen.

Arbeitsheft 4.6. Einsetzübung ›einen – eine – ein‹.

D 5 Diese Übung sollte in folgenden Schritten durchgeführt werden:
– Abspielen des ersten Dialogs vom Tonband
– Lesen des Dialogs mit verteilten Rollen
– Durchführung der Übungen, die um das bereits vorhandene Vokabular erweitert werden.

C 1 Zur Systematisierung

D 6 wie D 5, nur mit Bildkarten
Karten

Vorspann A 2
Präsentation
– Bilder ohne Text
– Text im Zusammenhang mit den Bildern
– Text in Pausen

Semantisierung

Situationsdialog A 2
Präsentation
– Text im Zusammenhang
– Text in Pausen

Semantisierung

B 5 Bild

– »**Welche Größe**«: läßt sich mit B 5 semantisieren
– »die hier **paßt**«: durch Vergleiche wie ›Die hier ist nicht zu groß. Die hier ist nicht zu klein. Die hier paßt.‹
– »Die ist **richtig/in Ordnung**«: genau wie bei ›paßt‹.
– »**Tut mir leid**«: durch Achselzucken, bedauernde Mimik.

Phonetische Korrektur

D 7
B 4
C 3 Tafel

wie bei A 1 und allen anderen Situationsdialogen.

wie bei D 5. Zur Erweiterung sollte B 4 herangezogen werden.

D 8 Karten

zur Systematisierung
wie D 6, mit der Erweiterung durch Bildkarten

Arbeitsheft 4.8. Einsetzübung: Adjektive

D 9	4.9 4.11	Lückentext Einsetzübung
		Strukturmusterübung als Reihen- oder Partnerdialog
D 10		wie D 9, nur mit Bildkarten und ohne Buch
D 11		wie D 9
D 12		wie D 10
Karten C 2 Tafel		Zur Systematisierung
Arbeitsheft:	4.1. 4.2. 4.10.	Dialog als Lückentext Hörverständnisübung Einsetzübung
D 14		wie Übungsmuster III

Diese Übung kann eine Anregung für die Kursteilnehmer bieten, selbst vermischte Dialoge herzustellen. In Zweier- oder Dreiergruppen entwickeln die Teilnehmer mit Hilfe des Lehrers neue Dialoge, deren einzelne Teile auf Karteikarten geschrieben werden. Die Karteikarten eines Dialoges werden gemischt und einer anderen Gruppe oder der gesamten Lerngruppe zur Auflösung gegeben.

| D 15 | | wie Übungsmuster IV |
| D 16 | | wie Übungsmuster V |

Die beiden letzten Übungen können weiterentwickelt werden, wenn die Kursteilnehmer analoge Dialogbeschreibungen entwickeln, eventuell sogar mit ausführlichen Regieanweisungen (z. B.: ein unfreundlicher/freundlicher Verkäufer, Lita möchte nicht einkaufen gehen, aber sie muß. Sie ist ärgerlich), die dann auch gleichzeitig Regieanweisungen sein können für ein Rollenspiel.

Transfer

Nach Abschluß der Lektionen 3 und 4, eventuell auch schon während der Erarbeitung des Stoffs dieser Lektionen, können Einkaufssituationen in ein größeres Unterrichtsprojekt eingebettet werden. Solche Projekte können z. B. die Vorbereitung eines Festes für Eltern und Jugendliche sein, zu dem die Speisen und Getränke möglichst preisgünstig eingekauft werden sollen, oder die Herstellung eines Gegenstandes im Rahmen von Werkstattunterricht, zu dem das Material und Werkzeug eingekauft werden muß und die Kosten errechnet werden müssen.

Eine andere Möglichkeit, das Gelernte auf die Alltagswelt zu beziehen, besteht darin, eine Untersuchung über die verschiedenen Einkaufsmöglichkeiten am Ort durchzuführen, um einen Überblick zu bekommen, wo man am besten einkaufen kann.

Arbeitsheft:	4.5	Umformung eines Dialogs
	4.7.	Umformung eines Dialogs
	4.2.	Hörverständnis
	4.3.	Lese-Schreibübung
	4.4.	Hörverständnis
	4.12.	Schreibübung
	4.13.	Test

Zusammenstellung der Übungen des Arbeitshefts
Transkription der Hörverständnistexte

| 4.1 | Lückentext, eventuell als Diktat |
| 4.2. | Bestimmter / unbestimmter Artikel / Unbest. Pronomen |

Hörverständnis

Antonio: Du, Julia, ich möchte zwei Ansichtskarten und einen Brief schreiben.
Julia: Warum nicht?
Antonio: Tja, ich brauche einen Block und einen Kugelschreiber.
Julia: Hier hast du einen Block und einen Kugelschreiber. Brauchst du auch Ansichtskarten?
Antonio: Nein, danke. Ich habe welche.
(Stille. Antonio schreibt.)
Antonio: Du, ...
Julia: Ja, was ist?
Antonio: Ich brauche noch einen Briefumschlag.
Julia (seufzt): Hier hast du einen. Brauchst du sonst noch etwas?
Antonio: Ehem. Ich habe drei Briefmarken zu –,50 DM, aber ...
Julia: Aber der Brief kostet –,60 DM.
Antonio: Richtig. Hast du eine Zehn-Pfennig-Briefmarke?
Julia: Sag mal, willst du die nicht auf der Post kaufen?

4.3 Lese-Schreibübung

4.4 Im Kaufhaus. Hörverständnis.
An der Kasse

Kassiererin: Drei Hefte, ein Lineal und ein Block.
(Kassengeklingel)
Das macht zusammen 6, – DM.

Carmen: Hier, bitte. Ich brauche noch einen Zirkel.
Haben Sie welche?
Kassiererin (ruft): Herr Schneider, haben wir Zirkel?
Verkäufer: Natürlich. (Zu Carmen:) Kommen Sie, die Zirkel sind dort gegenüber!
(Schritte)
Carmen: Was kostet der hier?
Verkäufer: 25, – DM.
Carmen: Der ist viel zu teuer. Ich brauche einen Zirkel in der Berufsschule. In der Schule? Möchten Sie einen zu 6,50 DM? Der ist hier.
Verkäufer:

4.5 Im Schreibwarengeschäft. Umformung: Situationsbeschreibung/mit Text-Brücken als Vorbereitung auf 4.7.

4.6 Einsetzübungen unbestimmter Artikel

4.7 Im Kaufhaus. Umformung: Dialog in Situationsbeschreibung

4.8. Einsetzübungen: Unbestimmter Artikel

4.9. Umformung: 3. Person Singular in 3. Person Plural

4.10 Einsetzübungen: Unbestimmtes Pronomen »ein«

4.11 Einsetzübungen: Bestimmter Artikel im Nominativ

4.12 Schreibübung

4.13 Test

Zu Lektion 5

A 1 In der Schule   A 2 Im Kaufhaus

A + B

Themen
Situationen
Informationen

Unterrichtssituation
Emotionen in Konfliktsituationen
Einkaufen
Geld

C

Grammatische Strukturen

Artikel
   Bestimmter Artikel im Akkusativ
   Negation des unbestimmten Artikels im Akkusativ

Pronomen
   unbestimmtes Pronomen ›kein‹ im Akkusativ
   Demonstrationspronomen ›dies‹ im Nominativ und Akkusativ

Syntax
   Negation mit ›nicht – kein‹

D

Übungen
Sprechintentionen

Gegenstände erfragen
Höflich und schroff ablehnen
Nachfragen bei Emotionsäußerungen
Bewerten
Nach Einstellungen fragen

Leitfaden

A1 → D1 → D2 → D3 → D4

↳ D5 → D6 → D7 → C1 → C2

↳ C3 → AH 5.2 → AH 5.3 → AH 5.9 → A2

↳ D11 → D8 → B4 → C5 → D9

↳ B2 → B3 → C4 → D10 → AH 5.11.

unter anderem fragen, ob es sozialisationsbedingte Besonderheiten der Konfliktbewältigung bei ausländischen Jugendlichen gibt, damit es nicht von seiner Seite zu unangemessenen Einschätzungen des Verhaltens der ausländischen Jugendlichen kommt.

Bezogen auf die in A1 dargestellte Situation sollte darüber hinaus für den Lehrer deutlich sein,

- welche Unterrichtssituationen die Jugendlichen kennen,
- wie der Schulunterricht in den Heimatländern der Jugendlichen in der Regel gestaltet wird,
- wie das Schüler-Lehrer-Verhältnis in den Heimatländern und in Deutschland ist
- und wie die Schüler im Unterricht miteinander umgehen.

Vorspann A 1
Präsentation

- Bilder ohne Text
- Text vom Tonband im Zusammenhang
- Text in Pausen

Semantisierung

- »keinen«: durch Gestik vermitteln.
- »sauer«: auf das Bild mit »saurem« Paolo hinweisen

Situationsdialog A 1
Präsentation

- Text im Zusammenhang
- Text in Pausen

Semantisierung

- »bestimmt«: durch besondere Betonung noch einmal als Verstärkung verdeutlichen

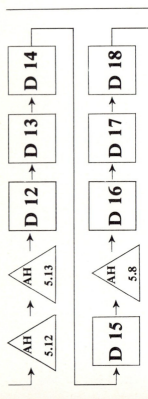

Fragen für den Lehrer

- Welche Konflikte gibt es möglicherweise zwischen den Jugendlichen im Kurs?
- Welchen Konfliktsituationen sind die Jugendlichen im Alltag unter Umständen sonst noch ausgesetzt?
- Wie werden diese Konflikte von den Jugendlichen bewältigt?
- Welche nicht-sprachlichen Fähigkeiten der Konfliktbewältigung haben sich die Jugendlichen bereits angeeignet?
- Welche sprachlichen Möglichkeiten gibt es, Differenzen auszutragen? Welche werden von den Jugendlichen bereits beherrscht?

Weitere Überlegungen des Lehrers sollten sich auf seine eigenen Formen der Konfliktbewältigung und deren Bewertung beziehen. So sollte er sich

Phonetische Korrektur

In diesem Situationsdialog wird zum ersten Mal in Ansätzen eine Konfliktsituation zwischen Jugendlichen angedeutet. Das Ende dieses Konfliktes ist offen gelassen, um den Kursteilnehmern einen Anreiz zur Auseinandersetzung zu geben.

Bei dem bis zu diesem Zeitpunkt erreichtem Stand der Sprachbeherrschung kann es noch nicht darum gehen, die Jugendlichen zu einem sprachlich differenzierten Konfliktverhalten anzuregen. Sinn dieser Unterrichtseinheit ist lediglich, die Jugendlichen mit sprachlich ausgedrückten Konflikten bekannt zu machen. Im weiteren Verlauf der Erarbeitung dieses Buches wird die Fähigkeit zur **sprachlichen** Bewältigung von konflikthaften Situationen immer stärker in den Mittelpunkt des Unterrichts gerückt werden.

Im Übungsteil wird über weite Strecken noch einmal auf die Einkaufssituationen der Lektionen 3 und 4 Bezug genommen, wobei allerdings jetzt die Verneinungen / Ablehnungen im Vordergrund stehen.

wie Übungsmuster I

D 1
– erster Impuls vom Tonband
– Reihen- bzw. Partnerdialog

D 2 Karten
wie D 1, nur mit Bildkarten zur Erweiterung

D 3 wie D 1
D 4 wie D 2
D 5 wie D 1
D 6 wie D 2
D 7
– der Text wird vom Tonband vorgespielt
– die Jugendlichen setzen die passenden Begriffe mit Hilfe der Bildkarten ein
– Reihen- bzw. Partnerdialog

C 1
zur Systematisierung

C 2
C 3
zur Systematisierung
zur Systematisierung

Arbeitsheft / 5.2. Einsetzübungen
5.3. Hörverständnis
5.9. Einsetzübungen

Vorspann A 2
Präsentation

– Bild ohne Text
– Text im Zusammenhang
– Text in Pausen

Semantisierung
Situationsdialog A 2
Präsentation

– Text im Zusammenhang
– Text in Pausen

Semantisierung »Kleingeld«: mit Hilfe von B 5
Phonetische Einübung

D 11 wie Übungsmuster II

Um dem Lehrer ein feed-back über das Textverständnis der Jugendlichen zu geben, und um die Jugendlichen anzuregen, sich noch einmal mit dem Text auseinanderzusetzen, sollen diese Fragen zum Text von den Jugendlichen mündlich beantwortet werden.

Diese Übung soll auch dazu anregen, daß die Jugendlichen selbst Fragen über den Text stellen.

D 8	wie Übungsmuster I
B 4	– Präsentation wie bei einem Situationsdialog – Semantisierung – Phonetische Einübung
C 5	zur Systematisierung
D 9	wie Übungsmuster I
B 2	– Präsentation – Semantisierung – Phonetische Einübung
B 3	– Präsentation – Semantisierung – Phonetische Einübung
C 4	zur Systematisierung
D 10	wie D 2
	Falls die Jugendlichen bei dieser Übung schon die Strukturen aus B 2 und B 3 von sich aus einbeziehen, sollte das gefördert werden, damit die Jugendlichen zu einem freieren Umgang mit dem bereits vorhandenen Sprachmaterial motiviert.
Arbeitsheft 5.11. 5.12. 5.13.	Einsetzübungen Einsetzübungen Einsetzübungen
	werden.
D 12	wie Übungsmuster IV
	Falls es der Sprachstand erlaubt, kann diese Übung auch »rückwärts« durchgeführt werden: zuerst wird mit den Jugendlichen ein neuer Dialog entwickelt, der dann von den Teilnehmern »beschrieben« wird.
D 13	wie Übungsmuster I kann leicht und immer wieder auf die Kurssituation bezogen werden.
D 14	wie Übungsmuster I
D 15	wie Übungsmuster I
	Diese Übung kann dadurch erweitert werden, daß die Jugendlichen ermutigt werden, selbst Fragen zu entwickeln.
	Diese Übung kann auch in Form einer Partnerübung von den Jugendlichen durchgeführt werden.
Arbeitsheft 5.8.	Auswahlübung
D 16	wie D 15
D 17	wie D 15
D 18	
C 6 **C 7**	zur Systematisierung zur Systematisierung
	Um die in den Lektionen 3 bis 5 eingeübten Strukturen zu vertiefen, können im Unterricht folgende spielerische Übungen eingesetzt werden:
	1. Sprachquartett Auf Karteikarten werden Gegenstände gezeichnet bzw. Bilder aus Zeitschriften oder Warenhauskatalogen geklebt. Dazu wird die dazugehörige Bezeichnung mit bestimmtem Artikel geschrieben. 4 Karten zeigen immer den gleichen Gegenstand. Die Herstellung dieses Kartenspiels kann auch im Unterricht erfolgen.
	Gespielt wird wie bei einem normalen Quartett, in dem die Spieler sich gegenseitig nach den verschiedenen Gegenständen fragen, z. B.: »Hast du ein Fahrrad?« »Ja, hier ist eins.«

2. Kofferpacken

Der Lehrer beginnt mit dem Satz »Ich packe in meinen Koffer: eine Hose.« Der nächste Spieler – im Teamteaching eventuell der andere Lehrer – wiederholt diesen Satz, fügt aber noch die Bezeichnung eines weiteren Gegenstandes hinzu, z. B.: »Ich packe in meinen Koffer: eine Hose und ein Hemd.« Der dritte Spieler wiederholt den Satz und fügt eine dritte Bezeichnung hinzu usf.

Zur Unterstützung kann die Bezeichnung der eingepackten Gegenstände mit bestimmtem Artikel an die Tafel geschrieben werden.

Zusammenstellung der Übungen des Arbeitshefts
Transkription der Hörverständnistexte

5.1 Indira kauft ein. Lese-Schreibübung

5.2 Einsetzübungen keinen – einen

5.3 Hörverständnis

In der Discothek (Musik im Hintergrund)

Antonio:	Hallo, Carmen; hallo Maria!
Carmen:	Tag, Antonio.
Maria:	Tag.
Antonio:	Carmen, möchtest du tanzen?
Carmen:	Nein, jetzt nicht.
Antonio:	Willst du eine Zigarette?
Carmen:	Nein danke, ich rauche nicht.
Antonio:	Du, ich habe keine Streichhölzer mehr. Hast du welche?
Carmen (lacht):	Natürlich nicht. Maria, hast du welche?
Maria:	Klar. Hier ist Feuer, Antonio. Guck mal, da kommt Klaus.
Klaus:	Tanzen wir, Maria?
Maria:	Gern.
Carmen:	Rauchst du viel, Antonio?
Antonio:	Ziemlich viel.
Carmen:	Zu viel, was? Hast du Probleme?
Antonio:	Wie bitte? Ich verstehe nicht. Die Musik ist zu laut.
Carmen (lauter):	Hast du Probleme?
Antonio:	Mhem. Ja. Ich bin arbeitslos, und ich finde keine Arbeit.
Carmen:	Hast du einen Bleistift?
Antonio:	Nein, ich habe keinen. Warum?
Carmen:	Hast du einen Kugelschreiber?
Antonio:	Ja, hier. Warum?
Carmen:	Hier ist eine Adresse. In der Hamburger Allee ist ein Lebensmittelgeschäft; die brauchen einen Verkäufer. Da fragst du mal.
Antonio:	Aber ich bin kein Verkäufer.
Carmen:	Du lernst das! Wollen wir tanzen?
Antonio:	Ja, die Musik ist gut. Komm!

5.4 Sun am Kiosk. Umformung: Dialog in beschreibendem Text

5.5 Schreibübung: Einkaufszettel

5.6 Lückentext: ein – kein – nicht

5.7 Hörverständnis

Auf der Post (Stimmengewirr im Hintergrund)

Ali (murmelt):	Fünf Briefmarken zu –,60 DM und zwei zu –,90 DM.

Herr Leroc:	Haben Sie mal einen Bleistift?
Ali:	Nein, ich habe leider keinen. Wollen Sie einen Kugelschreiber?
Herr Leroc:	Ja, danke; ich schreibe schnell die Adresse.
Ali:	Gut. Ich kaufe Briefmarken und komme zurück.
(Schritte. Man hört das Stimmengewirr deutlicher)	
Herr Leroc:	Hier ist Ihr Kugelschreiber. Ach, sind Sie Herr Alkan?
Ali (erstaunt):	Ja, ich bin Ali Alkan. Und wer sind Sie?
Herr Leroc:	Mein Name ist Leroc. Wir haben ein Foto, da sind Sie mit Marie, Margret und Antonio im Deutschkurs.
Ali:	Ja, richtig. Herr Leroc! (Pause) Brauchen Sie auch Briefmarken?
Herr Leroc:	Nein, ich brauche keine mehr. Ich habe schon welche. Sie sprechen aber sehr gut Deutsch. Herr Alkan!
Ali:	Sie auch! Wohnen Sie hier in Offenbach?
Herr Leroc:	Nein, wir wohnen in Frankfurt. Und Sie?
Ali:	Ich wohne hier in der Nähe. Wollen Sie mal kommen, mit Marie?
Herr Leroc:	Ja, gern.

5.8 Auswahlspiel: ›zu teuer‹

5.9 Einsetzübungen: ein/kein als unbestimmte Pronomina.

5.10 Auswahlspiel – Negation

5.11 Einsetzübungen: dieser

5.12 Einsetzübungen: der – den

5.13 Einsetzübungen: keine anderen / die letzten

5.14 Test

Überblick

Zu Lektion 6

Die Fahrkarten, bitte

A + B

Themen Situationen Information

Öffentliche Verkehrsmittel
– Wochen- und Monatskarten
– Fahrausweise

Aufenthaltsbedingungen in der Bundesrepublik
– Polizeiliche Anmeldung
– Aufenthaltserlaubnis

Zusatzmaterialien für Arbeiter

Auslandspostanweisung
Autopanne
Tankstelle

C

Grammatische Strukturen

Verben
  Modalverben im Präsens, außer: dürfen

Artikel/Pronomen
  Relation der – er / die – sie / das – es im Nominativ

Pronomen
  Possessivpronomina mein/dein/Ihr im Akkusativ

Syntax
  Verb + Dativergänzung + Akkusativergänzung

D

Übungen Sprechintentionen

Wünsche und Bedürfnisse artikulieren
Reagieren in Konfliktsituationen: Kontrolle

Fragen für den lernenden Lehrer und den lehrenden Lerner

Gülsen fährt mit der S-Bahn zur Schule.

Bist du in der Türkei (jew. Heimatland) von zu Hause zur Schule gegangen/gefahren?
Gibt es in der Türkei (jew. Heimatland) in Bussen, Straßenbahnen etc. auch Kontrolleure?

(1)

Fahrscheinkontrolle in der Straßenbahn:

Könnt ihr etwas dazu erzählen?
Vielleicht **ohne Worte** (pantomimisch)?
Ausländer und Deutsche – gibt es da Unterschiede?

in der Straßenbahn, am Fahrkartenautomat?
(Pantomime, Beispiele durchspielen)

(2)

Welche Behördengänge mußten die Jugendlichen oder deren Eltern im Heimatland machen, bevor sie nach Deutschland einreisen konnten?

– Du bist in Çanekkale (Dorf) und willst nach Deutschland. Du hast keinen Paß. Was mußt Du machen?

Wie sind die Umgangsformen bei den heimatländischen Behörden?

(3)

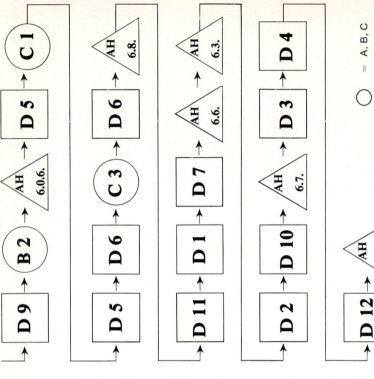

Worin besteht die Abhängigkeit von der Ausländerbehörde?

Was macht das Abhängigsein von der Ausländerbehörde aus?

Ausländerbehörde — was ist das?
— wer ist das?

Wollen wir mal zusammen hingehen? (in der Unterrichtszeit verstett sich)

Dein Bruder/Schwester kommt nächste Woche nach Deutschland. Er/sie muß zur Ausländerbehörde. Kannst Du helfen? Wer hilft Euch?

Beamte haben nicht immer Recht. Kontrolleure haben nicht allein das Recht Fragen zu stellen, jeder von uns, Lehrer und Schüler, haben das auch.

Schwerpunkt:

Rollenspiele: Kontrolleur und Jugendlicher,
Behördenvertreter und Jugendlicher

um an simmulierten Situationen Möglichkeiten des Ausprobierens und des Sicherwerdens zu bieten → Selbstbewußtsein

Leitfaden

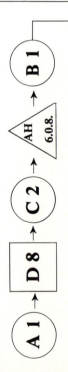

oder so?!

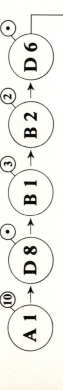
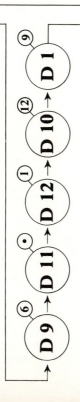
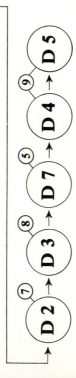

① erfordert einige Überlegungen vom Lehrer.

② sollte sich der Lehrer von den Schülern erklären lassen.

③ hast Du Deinen Paß auch selbst mit?

④ das dürfte doch wohl klar sein, – oder?

⑤ wenn Du einen Sinn hinter dieser Übung siehst, bitte teile ihn uns mit.

⑥ zum Selbstausfüllen

⑦ nur mit musikalischer Untermalung einführen.

⑧ kann pantomimisch geübt werden.

⑨ diese Übung ist überflüssig, wir wollten nur mal testen, ob Du den Scheißdreck mitmachst.

⑩ abschreiben lassen, dann zu D 8 übergehen.

⑪ Übung nur für den Lehrer, um seine eigenen Fähigkeiten zu testen.

⑫ Übung nur in Anwesenheit eines Erziehungsberechtigten.

Kommentar.

Situationsbeschreibung, Situationsdialog, Präsentation, Semantisierung, phonetische Korrektur, Lesen.

Übung zum Hörverständnis

Situationsbeschreibung und Situationsdialog vom Tonband, anschließend Lehrerfragen oder Teilnehmerfragen

als Tafelbild, Unterschiede semantisieren: müssen, wollen, können, sollen

FVV-Formular –

Der Lehrer muß sich dazu die entsprechenden Formulare besorgen (von Stadt zu Stadt unterschiedlich)

Ausfüllen lassen in zwei Gruppen; Korrektur (individuell)

B 1

Mögliche Überleitung: Deine Monatskarte mußt Du immer dabei haben, was noch?

Antwort: Meinen Paß.

sollen, wollen, können, müssen

Zu C 2

Semantisierung: Mein Vater und ich *wollen* in die Türkei fliegen. Ich *soll* die Flugtickets kaufen. Mein Vater *kann* sie nicht kaufen. Er *muß* arbeiten.

Ich *will* in die Schule gehen.

Ich *kann* in die Schule gehen. *Ich will Deutsch lernen.*

Ich *soll* in die Schule gehen. *Im Kurs ist noch ein Platz frei.*

Ich *muß* in die Schule gehen. *Mein Vater will das. Ich will lieber arbeiten.*

Ich bin schulpflichtig.

Zu C 2

Zur Erhellung der Struktur
folgender Lückentext → Tafel

Zu D 8

Gülsen *will* — *fahren.*
Der Kontrolleur *will* — *sehen.*
Gülsen *kann* — *nicht finden.*
Gülsen *soll* — *zahlen.*
Der Kontrolleur *will* — *aufschreiben.*
Gülsen *soll* — *gehen.*
Gülsen *muß* — *zeigen.*
Sie *muß* — *bezahlen.*

---

1. Situation

Schüler dazu anregen, die Situationsbeschreibung fortsetzen, anschließend Rollenspiel Kontrolleur/Antonio

D 9

2. Situation

Situationsbeschreibung fortsetzen lassen, evtl. Rollenspiel: Beamter/Gülsen

Arbeit in Zweiergruppen, individuelle Korrektur von seiten des Lehrers

Überleitung von der 2. Situation D 9 zu B 2:
Was brauchst Du für die Aufenthaltserlaubnis?

→ Schüler antworten

B 2

Dialog vom Tonband
Semantisierung:

Frage: die *anderen* Papiere?
Was brauchst Du noch?
→ Mitzubringende Unterlagen
Arbeit mit dem Glossar/Wörterbuch
Nachschlagen
Hilfen durch den Lehrer

AH 6.0. b + c

In zwei Gruppen die Formulare ausfüllen lassen: Korrektur, bzw. Hilfe durch den Lehrer und durch Schüler die sich auskennen

D 5

Dialog vom Tonband
Führungszeugnis

C 1

Tafelbild,

er, sie oder es?

der	Wo ist *der* Paß? Hier ist *er*.
die	Wo ist *die* Monatskarte? Hier ist *sie*.
das	Wo ist *das* Führungszeugnis? Hier ist *es*.
die	Wo sind *die* Papiere? Hier sind *sie*.

D 5

Rollenspiel:
Situation in der Ausländerbehörde:
Beamter mit Checkliste (Buch) und jemand der die Aufenthaltserlaubnis beantragt.

Transfer: Klassensituation:

Wo ist Dein … Buch, Kuli, Bleistift, Radiergummi, Monatskarte, Wörterbuch, Glossar, Arbeitsheft …

Hier ist …

Schüler stellen sich die Fragen gegenseitig, die Wörter stehen an der Tafel.
Gib mir Dein Buch, Deine Blätter, Deinen Kuli, Deine Monatskarte …

D 6

Zuerst den Dialog vom Tonband

C 3

der	*der Paß* →	Geben sie mir *Ihren Paß*
du		Sie
Gib mir deinen Paß		*Geben Sie mir Ihren Paß*

	„du"	„Sie"
der Paß, Antrag, Mantel	Gib mir *deinen Paß* Gib mir ___ Mantel Gib mir ___ Antrag	Geben Sie mir *Ihren Paß* Geben Sie mir ___ Paß Geben Sie mir ___ Antrag
die Monatskarte,	entsprechend	entsprechend
das Buch, Formular, Zeugnis	entsprechend	entsprechend
die Zigaretten, Streichhölzer	entsprechend	entsprechend

D 6

Rollenspiel in Mini-Reihendialogen:

Beamter – Jugendlicher
Kontrolleur – Jugendlicher
Polizist – Jugendlicher
Verkäufer – Jugendlicher

Wörter an der Tafel durcheinander zum Zuordnen:

Kassenzettel, Fahrkarte, Paß, Ausweis, Monatskarte, Führungszeugnis, Zeugnis, Bescheinigung, Papier, Streichhölzer …

Einsetzübung: Ihr, Ihre, Ihren, er, sie, es

Systematisierung zur Syntax:

Geben Sie mir …   Gib mir …
Zeigen Sie mir …   Zeig mir …
Sagen Sie mir …   Sag mir …

Verben mit Akkusativergänzung:
Bringen Sie mir bitte …   Bring mir …

AH 6.8.

D 11
Soll ausgefüllt werden:
Rekonstruktion des Dialoges, anschließend Lesen mit verteilten Rollen.

D 1
Lehrerimpuls: Was willst Du in Deutschland machen? Schüler fragen sich gegenseitig.
Antworten: Ich will hier _____ (nach dem Muster, mündlich).
anschließend nach Vorgabe im Buch schriftlich ausfüllen.

D 7
Vom Tonband: 1. Dialog. 2. Interview, auf Cassette aufnehmen.
Rollen: Reporter – Jugendliche

AH 6.6.
Arbeitsheft 6.6.
Auswahlspiel zu a.) wollen, b.) können, c.) sollen, d.) müssen.

AH 6.3.
Arbeitsheft 6.3.
Lückentext. Modellverben werden eingesetzt.

D 2
Kursleiter: Ich will heute nachmittag schlafen. Und Du? Was willst Du heute nachmittag machen?
Sammelt Antworten, faßt sie zusammen: M und A und B wollen heute nachmittag ... Und Ihr C und D und E?
anschließend: Arbeit mit dem Buch, der die Situationsbeschreibung: M und A und D und F und G und L sind im Jugendzentrum, vorausgeht. Danach schriftlich.

D 10
Lehrerimpuls: Kannst du einen Knopf annähen? **erwartete Antwort:** Nein.

Willst du es lernen? Ja, ...
                    Nein, ...
Ich möchte mit dir Schachspielen. Kannst du Schach spielen? Nein, aber ...
Geht in der Gruppe weiter. Einsetzen der Begriffe: Kannst Du ... usw.
Ich möchte mit euch Fußballspielen erwartet wird Schülerfrage, Kannst du ...

Lückentext → Einsetzübungen zur Unterscheidung der Funktion der Modalverben

AH 6.7.

D 3
(1) **Tonband/semantisieren** (Morgen bekommst Du sie zurück)
(2) **Impuls** (Kann ich Deinen Kuli haben?)
(3) Reihendialog
Zustimmung und Ablehnung sollte vorkommen.

D 4
Zur Wiederholung bzw. Vertiefung, falls bei den Jugendlichen Schwierigkeiten auftreten.

D 12
(1) **Tonband/Semantisierung/phonetische Korrektur**
vor allem der Antwortmöglichkeiten je nach Sprechintention von höflich zurückhaltend – höflich bestimmt – Unterton von Beschwerde – sich auf den anderen einlassend

(2) **Rollenspiel**
a.) Beamter – Jugendlicher
Der Kursleiter übernimmt die Rolle des Jugendlichen, der »Beamte« liest seine Dialogteile aus dem Buch.

b.) beide Rollen übernehmen Jugendliche
- Lesen mit verteilten Rollen
  → gesamte Gruppe
- freies Rollenspiel für die, die Lust dazu haben
  → Situationen aus ihrer Erfahrung mit den Ausländerbehörden

AH 6.9.

Test

Zu Lektion 7

A 1 Wie komme ich zum Bahnhof?

A 2 Die Linie 3 hält an der Post

Lernziele und Lerninhalte

A + B

Themen
Situationen
Information

Orientierung in der Stadt
– zu Fuß
– mit öffentlichen Verkehrsmitteln
Verabredung am Telefon

C

Grammatische Strukturen

Substantive
  Deklination im Dativ

Adjektive
  ›schnell‹ im Komparativ und Superlativ in prädikativer Stellung

Präpositionen
  ›an‹ mit Dativ
  ›bei‹ – ›mit‹ – ›zu/bis zu‹

Syntax
  Verb + Präpositionalergänzung: ›Ich fahre zum Bahnhof‹

Leitfaden

A1 → B1 → C1 → C2 → C7

D1 → D2 → AH 7.6. → B5 → C3

D3 → D4 → B3 → D11 → A2

B4 → C6 → D10 → C5 → D8

AH 7.4. → D12 → D14 → AH 7.5. → D13

**D
Übungen
Sprechintentionen**

Informationen erbitten und erteilen
– sich nach dem Weg erkundigen
– sich nach Personen erkundigen
– sich nach Sachen erkundigen

etwas empfehlen
sich entschuldigen

Schwerpunkte

1. Die Lehrerin (der Lehrer) sollte unseres Erachtens über das besondere kulturelle und soziale Angebot für Jugendliche in der jeweiligen Stadt informieren, wie beispielsweise über Beratungsstellen, Jugendzentren, deutsche und ausländische Vereine, Jugendtheater, Kinos, Cafes etc. (Adressen und Öffnungszeiten) Im Rahmen des Unterrichts sollten Besuche bei einzelnen Stellen eingeplant werden, (eventuell in Kleingruppen, die im Anschluß an den Besuch ihre Erfahrungen und Eindrücke austauschen können), um so Möglichkeiten für die Freizeitgestaltung – die das Kennenlernen anderer ausländischer und deutscher Jugendlicher mitbeinhaltet – aufzuzeigen.

2. Wir halten es für wichtig, selbständiges Zurechtfinden in der jeweiligen Stadt über den Gebrauch von Stadtplan, bzw. Verkehrsplan zu ermöglichen.

In diesem Zusammenhang kommt dem Stadterkundungsspiel besondere Bedeutung zu.

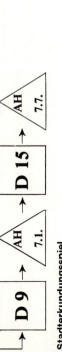

Stadterkundungsspiel

A 1

Präsentation / Semantisierung / Phonetische Korrektur, Situationsbeschreibung, Situationsdialog

Lesen

Lesen des Situationsdialoges mit verteilten Rollen

Rollenspiel

Der Situationsdialog (A1) wird, im Plenum und in Zweiergruppen, mit Variationen, nachgespielt.

Variationen

(B1) wird einbezogen
– zur Variierung der Zielorte der Verkehrsmittel
– zur Unterscheidung der Strukturen zum/zur sowie mit dem/mit der

B 1

C 1

Tafel

zur Systematisierung, ergänzt um weitere Hilfen:

Wo ist *der* Bahnhof?
                Wie komme ich *zum* Bahnhof?

Wo ist *die* Rheinbrücke?
                Wie komme ich *zur* Rheinbrücke?

Wo ist *das* Rathaus?
                Wie komme ich *zum* Rathaus?

C 2

Tafel

zur Systematisierung, ergänzt um weitere Hilfen:

Wohin fährt *der* Bus?
                Sie können *mit dem* Bus fahren!

Wohin fährt *die* U-Bahn?
                Sie können *mit der* U-Bahn fahren!

Wo steht *das* Auto?
                Warum fahren Sie nicht *mit dem* Auto?

Durch diese Systematisierung wird es möglich, das Rollenspiel um Fragen nach Gebäuden, Plätzen, Straßen etc. der eigenen Umgebung zu erweitern. Treten Schwierigkeiten mit den Präpositionen auf, verweist der Kursleiter auf (C1) / (C2) und die zusätzlichen Hilfen.

C 7

Tafel

zur Systematisierung:

Die Straßenbahn fährt schnell.
Der Bus fährt schneller.
Die U-Bahn fährt am schnellsten.

Der Bus fährt schneller als die Straßenbahn.
Die U-Bahn fährt schneller als der Bus.

D 1

Die Strukturen lassen sich dabei variieren:

– Ich möchte zum Bahnhof. Kann ich mit dem Bus fahren?
– Tut mir leid. Der Bus fährt nicht zum Bahnhof. Aber Sie können mit der Straßenbahn fahren.

Dies nur als Beispiel und um der Gefahr vorzubeugen, daß »Am besten fahren Sie ...« formelhaft auswendig gelernt wird.

D2

Karten

Die Karten werden auf zwei Gruppen verteilt:

Straßenbahn Rheinbrücke
Kino etc. Auto etc.

Die Teilnehmer der ersten Gruppe fragen die der zweiten Gruppe nach dem in D 2 vorgegebenen Muster.

AH 7.6

B5

Auswahlspiel: Verkehrsmittel/Zielorte.

Die Präposition »zu« wurde bisher nur mit Substantiven im Singular eingeübt; mit B 5 wird ein Beispiel für »bis zu« und Substantiv im Plural eingeführt.

Varianten:
– bis zu den *Garagen*
– bis zu den *Ampeln*
– bis zu den *Bäumen*

C3

Tafel

zur Systematisierung
Tafelbild (Vorschlag)

Gehen Sie *bis* [zum] Lebensmittelgeschäft. [Das] Lebensmittelgeschäft ist da hinten.
Gehen Sie *bis* [zur] Post. [Die] Post ist da drüben.
Gehen Sie *bis* [zum] Kiosk. [Der] Kiosk ist da drüben.
Gehen Sie *bis* [zu den] Hochhäusern. [Die] Hochhäuser sind da hinten.

D3

Karten

Die Karten werden verteilt. Die Teilnehmer erhalten je eine Karte »Rheinbrücke«, »Kiosk« etc.
Der erste Teilnehmer fragt seinen Nachbarn oder sein Gegenüber z. B.: »Wo ist die Post?« Dieser antwortet, entsprechend der Karte, die er in der Hand hält, »Gehen Sie geradeaus bis zum Rathaus. Rechts/links um die Ecke ist die Post.«

D4

a) Die Teilnehmer ordnen Fragen und Antworten einander zu.
Jede Antwort ist auf eine der fünf Fragen bezogen.
Zuerst in Zweiergruppen; danach werden die Resultate im Plenum miteinander verglichen.

b.) + c.)
Mit Hilfe der Strukturen aus a.) beschreiben die Teilnehmer als Passanten einander den Weg.

d.) Variante: die Umsetzung in die du-Form verlangt einen anderen Code, angedeutet durch »Hör mal ...«.

e.) Übertragung auf lokale Gegebenheiten – Fragen an Passanten oder Freunde, Kollegen etc.

B3

Präsentation – Semantisierung – Phonetische Korrektur

Lesen mit verteilten Rollen

Rollenspiel

D11

Zuordnen der Dialogteile: In Zweiergruppen (Hilfen durch den Kursleiter evtl. nötig). Vorlesen mit verteilten Rollen.

Als Überleitung zu A2:

In Zweiergruppen ein Telefongespräch zwischen Arif und Dorle (Freund und Freundin) ausdenken (Hilfen durch den Kursleiter) → Rollenspiel

(A2)

Präsentation — Semantisierung — Phonetische Korrektur
(schneller, warten, umsteigen, das dauert)
Lesen mit verteilten Rollen, Fragen zum Lernverständnis

(B4) zur Semantisierung von »schnell — schneller«

(C6) als Tafelbild zum Komperativ

schnell — schneller

ergänzen lassen durch andere, den Jugendlichen bekannte, Adjektive, z. B. groß, klein

Komperativ klarmachen durch — vielleicht — Größenvergleich in der Gruppe, z. B.: Ich bin 1,58 m groß, und Du? Wie groß bist du? 1,70 m.
An der Tafel die Größen sammeln, zugeordnet zu den Namen: Adnan: 1,62 m
Maria: 1,58 m
usw.

Verbalisieren:
Maria ist kleiner als Adnan.
Adnan ist größer als Maria.

Gelenktes Gespräch, in Zweiergruppen, schriftlich, dann mündlich: Lesen mit verteilten Rollen.

der → Wo ist |*der*| Bahnhof? Hält die Linie 6 |*am*| Bahnhof?

die → Wo ist |*die*| Rheinstraße? Hält die Linie 7 |*an*| der| Rheinstraße?

das → Wo ist |*das*| Rathaus? Hält die Linie 6 |*am*| Rathaus?

die → Wo sind |*die*| Farbwerke? Hält die Linie 6 |*an*| den| Farbwerken?

Reihendialog in der Gruppe mit Bildkarten, die analog D 2 verteilt werden.

Lückentext: an, mit, zu

Frage und Antwortmöglichkeiten vom Tonband, Semantisierung: »etwa« und »leider« → **Transfer** z. B.:
»Warum fährst Du mit dem Fahrrad?«

Frage und Antwortmöglichkeiten vom Tonband, Semantisierung: »Fremdenführer«, anschließend Reihendialog mit Bildkarten.

Einsetzübung, »an, mit, zu«

Frage und Antwortmöglichkeiten vom Tonband, Semantisierung: »nicht leiden, Maulwurf, Ich habe Angst, Himmel«

Transfer z. B.: »Warum gehst Du nicht zu Fuß?«
(Ich bin doch kein Esel!)

Situationsbeschreibung und Situationsdialog (durcheinander) vom Tonband.

Fragen und Antworten zuordnen (in Zweiergruppen), Lesen mit verteilten Rollen.

Auswahlspiel. Orientierung in der Stadt

Arbeit mit den Stadtplänen der jeweiligen Stadt (entsprechend die Stadtteile verändern)
a.) Arbeit in Zweiergruppen mit unterschiedlichen Aufträgen
b.) Schüler fragen sich untereinander:

Wo ist die ... Straße?
Wie komme(n) ich (wir) dahin?

Test

Stadterkundungsspiel

Stadterkundungsspiel

→ Orientierung in der Stadt
→ Beschaffung von Information

Vorübungen:

a.) Jeder beschreibt anhand des Stadtplans seinen Nachhauseweg. Eine weitere Hilfe dazu stellt eine FVV-Gesamtnetzkarte dar, auf der die Straßen-, Bus-, S- und U-Bahn-Linien, die Haltestellen und Endstationen, sowie die Umsteigemöglichkeiten eingezeichnet sind. Solche Gesamtnetzkarten kann (und müßte) man für die **gesamte** Lernergruppe besorgen.

b.) In Arbeitsgruppen soll dann eine komplette Aufgabe, etwa: »Wie kommt Ihr von der VHS zum Arbeitsamt?« gelöst werden, wobei die Adresse des Arbeitsamtes angegeben wird.

a.) und b.) → gute **TRANSFERÜBUNGEN** zu L 7

Für das Stadterkundungsspiel ist es notwendig, daß die Lehrer vorher zu den Stellen gehen, zu denen sie die Schüler schicken wollen, und mit den betreffenden Personen reden, einen Termin ausmachen und evtl. Nachrichten für die Schüler hinterlassen.

Dann kann's losgehen:

1.) Gruppen bilden (empfehlenswert 4er Gruppen)
2.) Das Spiel erklären, den gemeinsamen **Treffpunkt** (alle müssen genau wissen, wie sie dahinkommen) und eine Uhrzeit vereinbaren. (Treffpunkt: z. B. Jugendzentrum!)

3.) Jede Gruppe bekommt nun ihre Aufgaben in einem Briefumschlag. (evtl. kurz erklären).
   – möglich: einen Schließfachschlüssel sehr geheimnisvoll überreichen!

4.) Die Aufgaben könnten folgendermaßen aussehen:

Beispiel

a.) Geht zum Reisebüro in der ... Straße Nr. 15, holt Informationen über *Italien*, (z. B. für Türken),

dann über *Rom*

Was kostet eine Fahrt nach Rom?
   Mit dem Zug ... DM
   Mit dem Bus ... DM

Was kostet ein Flug nach Rom?
   Mit dem Flugzeug ... DM
   Wann fährt ein Zug? ... Uhr
   Wann fährt ein Bus? ... Uhr
   Wann fliegt ein Flugzeug ... Uhr
   Wie lange dauert die Zugfahrt? ... Stunden
   Wie lange dauert die Busfahrt? ... Stunden
   Wie lange dauert der Flug? ... Stunden
   (Evtl. Brief mit der weiteren Aufgabe im Reisebüro deponieren!)

b.) Geht zur Stadtbücherei, **Bildband über Italien** ausleihen
»Geht zur Stadtbücherei in der ... Straße Nr. ... (Hinweis: »Wir möchten ... ausleihen.« »Haben Sie ... ?«)

c.) Geht zur Caritas **(Beratung für Italiener)**
in der ... Straße, Nr. ... zu Herrn (Frau) ...
Wieviel Leute sitzen da und warten?
Antwort: ....
Warum sitzen sie da?
Antworten: ....

Fragt Herrn (Frau) ...:
Wie lange arbeiten Sie schon hier?
Antwort: ....
Wieviel verdienen Sie im Monat?
Antwort: ....
Was sind Ihre Probleme?
Herr (Frau) ... gibt die Antwort schriftlich:
(Bitte einfache Sätze) ...

Was macht die Caritas für Jugendliche?
Antwort: ....
Wie viele Italiener leben in Frankfurt?
Antwort: ....
Wie viele Berater für Italiener arbeiten in Frankfurt?
Antwort: ....

Parallel dazu

Griechenland	Diakonisches Werk	
Türkei	AWO Beratung für Türken	
Spanien	Caritas	
Tunesien	AWO Berater für Tunesien	
Jugoslawien	Berater für Jugoslawien	

→ a. Ländervergleich

b. Was ist gleich, was ist anders in Frankfurt (...)
für die verschiedenen Nationalitäten?

Ein weiteres Beispiel in Kürze:

– Standesamt: Foto von einem Brautpaar (Sofortbildkamera)
– Preise für a. Eheringe,
             b. Brautkleid,
             c. Smoking
– ein altes Foto (Bild eines Brautpaares) in einem Trödlerladen besorgen
– eine Glückwunschkarte zur Hochzeit kaufen
– eine Hochzeitsanzeige aus der FR (...) ausschneiden

→ **Gegenüberstellung:** Hochzeit in
    der Türkei
    in Spanien ...
    und Hochzeit in Deutschland

Als weitere Anlaufstellen bieten sich unseres Erachtens an:

Verbraucherzentrale
Museen
Arbeitsamt
Kirche
Kindergarten
Deutsche Schule (gleiche Lehrgangsklasse)
Tierhandlung
Post, Bank, Bahnhof
Stadtschulamt
DGB-Rechtsberatung
»alternative« Werkstätten
– ASH (in Frankfurt) – (und in ...?)

Zu Lektion 8

A 1 Dorle macht ein Fest

A 2 Wohin gehst du?

A + B

Themen   Orientierung
Situationen   Reagieren bei Unhöflichkeiten
Informationen Freizeitmöglichkeiten
Verbote/Gebote
Uhrzeiten
Ordinalzahlen
Tages- und Monatsbezeichnungen
geographische Bezeichnungen
Beschreibungen des Wetters
Verwandtschaftsbezeichnungen

C

Grammatische   Verben
Strukturen
›sein‹ im Präteritum
Partizip Passiv von ›verboten – erlaubt‹
Modalverb ›dürfen‹

Substantive
Genitiv der Eigennamen

Adjektive
›nächste‹ im Nominativ und Akkusativ

Pronomina
›man‹

Possessivpronomina ›sein – ihr‹ im Nominativ und Akkusativ

Präpositionen
›in‹ mit Dativ und Akkusativ

Syntax
Fragesatz mit den Fragepronomina ›wann? – wohin?‹
Infinitiv nach Verben der Bewegung: ›einkaufen gehen‹

Zahlen
Ordinalzahlen im Nominativ, Akkusativ und Dativ

D

Übungen,   Informationen erfragen und geben zu:
Sprech-
intentionen
— Uhrzeiten
— Daten
— Aufenthaltsdauer
— geographische Angaben
— Wetter
— Familie
— Kino- bzw. Fernsehprogramm
— Essen

Bedauern
Aggressionen ausdrücken
Aggressionen differenziert beantworten
Beschwichtigen
Informationen über Handlungen erfragen
Überzeugen
Überreden

Leitfaden

Verabredungen treffen
Sich nach dem Befinden erkundigen
Warnen

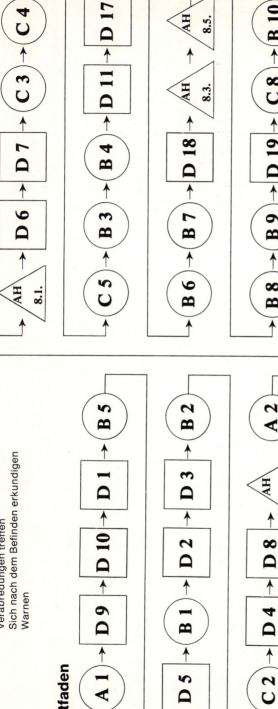

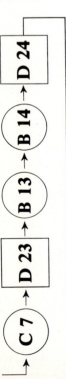

Fragen für den Lehrer

- In welchem Maß ist die Umgebung den Jugendlichen bekannt?
- Kennen Sie nur den Weg zur Unterrichtsstätte? Welche anderen Stellen sind ihnen bekannt?
- Gibt es Treffpunkte der Jugendlichen?
- Treffen Sie sich an bestimmten Stellen mit anderen Jugendlichen? Gibt es gegenseitige Besuche?
- Kann bei den Jugendlichen mit Unsicherheit bei der Orientierung gerechnet werden? Sind eventuell einige der Jugendlichen vom Land? Haben diese Orientierungsschwierigkeiten?

Vorspann A 1
Situationsdialog A 1

Bilder

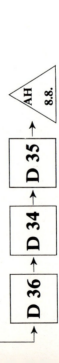

Bei der Einübung dieses Dialogs sollte besonders auf die unterschiedliche Intonation bei den verschiedenen Personen geachtet werden. Im zweiten Unterabschnitt, in dem die Jugendlichen eine unfreundliche Antwort bekommen, sollte vom Lehrer auf die verschiedenen Reaktionsweisen von Manuel und Arif hingewiesen und eine Diskussion darüber angeregt werden, was eine angemessene Reaktionsweise in einer solchen Situation sein kann.

Lexikalisch-Grammatische Einübung

D 9 wie Übungsmuster VII

D 10 wie Übungsmuster III

Die Übungen D 9 und D 10 können bei der phonetischen Einübung direkt einbezogen werden.

Die B-Teile der Lektion 8 wurden zusammengestellt um die sprachliche Orientierung in verschiedenen Bereichen sicherzustellen. Bei den meisten B-Teilen wird es sicherlich so sein, daß die dort eingeführte Information den Teilnehmern bereits bekannt ist. Trotzdem sollten die in den D-Teilen vorgesehenen Übungen durchgeführt werden, damit durch Wiederholung eine Systematisierung und Erweiterung der bereits bekannten Informationen erfolgt. Charakterisierend für die vorliegende Art von Information ist die Möglichkeit, die dazu gehörenden Übungen auf die Kurssituation zu beziehen.

So liegt es nahe, bei

D 1	der Übung D 1 auf die Umgebung des Unterrichtsortes einzugehen. Da diese Übung mit Ordinalzahlen durchgeführt wird, muß B 5 mit herangezogen werden.
(B 5)	zur Systematisierung
	zur Erweiterung des bereits Gelernten kann an dieser Stelle D 5 in den Unterricht einbezogen werden.
	Die Übungen D 2 bis D 4 und die B-Teile 1 und 2 sind eng aufeinander bezogen, so daß sie in einem Komplex bearbeitet werden sollten.
D 5	Erarbeitung wie bei einem Situationsdialog
(B 1)	wie Übungsmuster I
	wie Übungsmuster I
D 2	
D 3	
(B 2)	Erarbeitung wie bei einem Situationsdialog
(C 2)	zur Systematisierung
D 4	wie Übungsmuster I
D 8	wie Übungsmuster VII

Arbeitsheft 8.6

›Ist hier alles verboten?‹

Vorspann A 2
Situationsdialog A 2

Diskussionsanregungen bietet dieser Dialog zu folgenden Punkten:

1. Was machen die Jugendlichen in ihrer Freizeit? Welche Möglichkeiten sinnvoller Freizeitgestaltung werden ihnen geboten?

2. Wo gibt es am Unterrichtsort Möglichkeiten für die ausländischen Jugendlichen, ihre Freizeit zu verbringen?

Treffen diese Möglichkeiten auch die Interessen der Jugendlichen?

3. Welche Vorstellungen haben die Jugendlichen wie sie ihre Freizeitgestaltung verbessern könnten?

(B 17)	
D 28	wie Übungsmuster I
D 29	wie Übungsmuster I
D 30	wie Übungsmuster I
D 31	wie Übungsmuster I

Arbeitsheft 8.1

	Einsetzübungen
D 6	wie Übungsmuster I
D 7	wie Übungsmuster I
(C 3)	zur Systematisierung
(C 4)	zur Systematisierung

C 5

zur Systematisierung

Im Zusammenhang mit der Behandlung des Themenkomplexes ›Verbote‹ können mit den Jugendlichen z. B. folgende Fragen diskutiert werden:
1. Was ist im Heimatland und in Deutschland verboten und was ist erlaubt?
2. Was dürfen die Jugendlichen im Heimatland? Was dürfen sie in Deutschland?
3. Wer macht die Verbote? Die Eltern, der Staat, die Schule, die Religion?
4. Was ist den Mädchen verboten? Was ist den Jungen erlaubt?

Ziel dieser Diskussionen sollte sein, Bedeutung und Ursachen der Verbote zu verstehen und ihren Sinn zu hinterfragen.

Die erlernten Strukturen können bei der Beschreibung des Heimatortes angewendet werden. Dazu zeichnen die Jugendlichen einen Stadtplan ihres Heimatortes auf eine große Pappe, zeichnen die wichtigsten Gebäude und Plätze ein und beschreiben, was auf dem Stadtplan zu sehen ist und welche Bedeutung die einzelnen Gebäude haben.

Das gleiche läßt sich dann auch mit einer Beschreibung der Stadt machen, in der der Unterricht stattfindet. Ein gutes Hilfsmittel können Prospekte des Fremdenverkehrsamtes sein und unter Umständen Bilder aus dieser Stadt, die nicht nur die schönen Seiten zeigen.

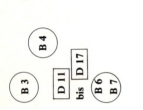

B 3
B 4

D 11 bis D 17

B 6
B 7

D 18

Arbeitsheft 8.3
8.5

B 8
B 9

D 19
C 8
B 10
B 11

D 20
D 21
D 22
B 12

Erarbeitung wie bei einem Situationsdialog

Semantisierung mit Hilfe von B 4

wie Übungsmuster I

Mit B 6 und B 7 wird der Unterschied zwischen den Zeitangaben im privaten Bereich (›viertel nach sechs‹) und dem öffentlichen Bereich deutlich gemacht.

wie Übungsmuster I

Einsetzübungen

Die Fragen nach der Uhrzeit können in den folgenden Stunden immer wieder in den Unterricht eingeflochten werden.

wie Übungsmuster I

zur Systemantisierung

Erarbeitung wie bei einem Situationsdialog

wie Übungsmuster I
wie Übungsmuster I
wie Übungsmuster I

zur Systematisierung

wie Übungsmuster I

C 7
D 23
B 13

D 24 **D 25**

Arbeitsheft 8.4.

wie Übungsmuster I

wie Übungsmuster I

Alle Übungen zu den verschiedenen Zeitangaben sollten auf die Situation der Kursteilnehmer bezogen werden. So kann man nach dem Ende und Beginn der Ferien oder der Arbeitszeit fragen, den Kursbeginn feststellen, Geburtstage erfragen etc.

B 14

B 15 **D 26**

wie Übungsmuster I

D 27

wie Übungsmuster I

Um die bis dahin eingeübten Strukturen noch einmal in einem größeren Zusammenhang zu aktivieren, kann ein Gespräch über das Klima zu verschiedenen Jahreszeiten und in verschiedenen Gegenden des Heimatlandes und in Deutschland angeregt werden.

B 16

Beispiel:
— ›Wie ist das Wetter im Frühling in der Türkei?‹
= ›Im Süden ist es sehr schön, aber im Norden ist es im März und im April noch ziemlich kalt.‹

oder
— ›Hier in _____ haben wir heute 7 Grad. Wie ist das Wetter wohl jetzt in Athen?‹

wie Übungsmuster I

wie Übungsmuster I

B 18

D 32 **D 33**

wie Übungsmuster I

wie Übungsmuster I

D 36 **D 34**

Im Anschluß an diese Übungen bietet sich ein Gespräch über die Verwandtschaft der Teilnehmer an, was z. B. die Geschwister machen, woher Onkeln und Tanten kommen, ob sie auch in Deutschland leben oder vielleicht gelebt haben etc.

B 19

wie Übungsmuster I

D 35

Arbeitsheft 8.8.

Test

Zu Lektion 9

Lerninhalte:

A + B

Themen
Situationen
Information

Verhalten bei Krankheiten:
- Notfall
- Arzt-Patient-Verhältnis
- Krankenhausaufenthalt
- Arbeitsunfähigkeitsbescheinigung

Orientierung auf Reisen:
- Fahrplan
- Schalterauskunft

Zusatzmaterialien für Arbeiter

Lohnabrechnung

C

Grammatische Strukturen

Verben
  Trennbare Verben
  Modalverben ›wollen – sollen‹ im Präteritum

Adjektive
  Komparation, unregelmäßig, prädikativ

Pronomina
  Personalpronomina ›er – sie – es‹ im Akkusativ ›ich – du – er – sie – es – Sie‹ im Dativ

Syntax
  Fragesatz ›ab wann?‹
  ›es gibt‹

D

Übungen
Sprech-
intentionen

Informationen einholen und erteilen
- telefonisch
- im direkten Gespräch
- mit Hilfe des Fahrplans

Beschwerden ausdrücken
- im privaten Bereich
- im öffentlichen Bereich

Vergleichen von Sachverhalten
- konkurrierendes Verhalten und mögliche Reaktionen darauf

Schwerpunkte

1. Es geht darum, Informationen über das Gesundheitswesen und den Umgang mit Krankheit überhaupt im Herkunftsland – unter Berücksichtigung des Stadt/Land Unterschiedes – der Jugendlichen zu erhalten.

Möglich über ein Rollenspiel bei dem folgende Situation vorgegeben wird:

Dein kleiner Bruder (deine kleine Schwester) ist krank. Er (sie) hat eine Blinddarmentzündung (sich ein Bein gebrochen, eine Erkältung, Zahnschmerzen ...).
Wer behandelt das Kind?
Geht die Familie zum Arzt? Ins Krankenhaus?
Wie weit ist es zum nächsten Arzt?
Wo gibt es eine Apotheke?
Welche Medikamente gibt es?
Wer bezahlt die Behandlung?

Diese und ähnliche Fragen bieten sich an, wenn die Situation einerseits im Herkunftsland und andererseits kontrastiv dazu in der Bundesrepublik Deutschland durchgespielt wird, um so die unterschiedlichen Erfahrungen der Jugendlichen mit Krankheit und Ärzten im Herkunftsland und in der Bundesrepublik Deutschland zu thematisieren.

Vor diesem Hintergrund kann man dann auf die besonderen Schwierigkeiten von Ausländern im Gesundheitswesen eingehen. Vielleicht anhand folgender Fragen:

Welche Rolle spielen persönliche Ängste gegenüber Arzt und Krankenhaus?

Welche Rolle spielen die Sprachbarrieren?

Werden Ausländer besonders diskriminiert?

Wo gibt es in der jeweiligen Stadt ausländische Ärzte (Ärztinnen) mit denen sich die Jugendlichen in ihrer Muttersprache verständigen können?

2. Die Information über den menschlichen Körper darf sich nicht auf das Benennen einzelner Körperteile beschränken. Wir halten es für notwendig im Rahmen dieser Lektion das Thema Sexualität zumindest insofern zu behandeln, daß man »Aufklärung« in der jeweiligen Muttersprache zum Gegenstand des Unterrichts macht. Dies kann innerhalb einer sozialpädagogischen Begleitung wohl am besten gewährleistet werden, wenn man die Hilfe von z. B.: pro familia in Anspruch nimmt und dabei berücksichtigt, daß Jungen und Mädchen getrennt an diesem Angebot teilnehmen.

Leitfaden

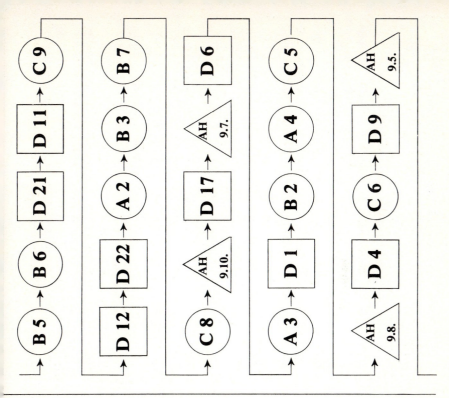

Erst vom Tonband, dann mit Bildkarten: Reihendialoge

Einsetzübung

Einsetzübung: trennbare Verben

Situationsbeschreibung vom Tonband, in Zweiergruppen Fragen und Antworten zuordnen, Lesen mit verteilten Rollen.

Präsentation, Semantisierung, phonetische Korrektur, Lesen.

Zur Information, evtl. auftretende Fragen klären.

weitere **Beispiele** für Notfälle.

Arbeit mit dem Wörterbuch, bzw. Glossar, Überleitung zu

B 6: **Rollenspiel:** Arzt – Patient

z. B. Patient: Ich habe hohes Fieber
Arzt: . . . .
Patient: Ich habe starke Schmerzen (Kopf-, Bauch-, . . .)
Arzt: . . . .
Patient: Ich kann meinen Arm nicht mehr bewegen (bewegen semantisierbar: pantomimisch)

Vom Tonband zu den Antworten:
semantisieren: alleine, Frauenarzt, dürfen, sich schämen, Arbeitsstelle verlieren, illegal

bietet Möglichkeiten, auf die in B 6 geäußerten Ängste, bzw. Bedenken und Probleme einzugehen, z. B.

In Dreiergruppen
A: Du mußt unbedingt zum Arzt

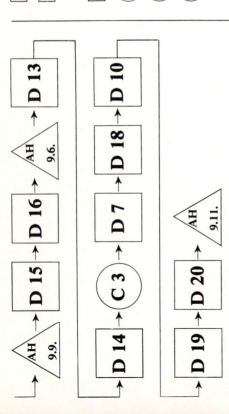

Vorgehensweise wie bei A-Teilen
Semantisierungshilfen: Ab wann: Uhr, Zeitpunkt bei Unterscheidung zu **wie lange**: Zeitdauer

Fragen zum Leseverständnis von seiten des Kursleiters.

Tafel:

Mit Fahrplänen veranschaulichen:
Variationen der Zeiten und Zielorte, Umgang mit dem Fahrplan üben

→ Lerner fragen einander z. B. im Rollenspiel: Auskunftsbeamter – Reisender

B: Ich habe Angst
C: Ich komme mit

Einzeldialoge, die jeweils mit der Frage »Was hast Du denn?« beginnen vom Tonband. Überleitung zu den Ratschlägen durch Fragen, bzw. Bemerkungen. etwa:

Du sitzt schon den ganzen Tag im Zimmer. Geh an die frische Luft!

Tafel

viel	: 5 Tassen am Tag
mehr	: 7 Tassen am Tag
wenig	: 2 Tassen am Tag
weniger	: 1 Tasse in der Woche

Einsetzübung, Reihendialog in der Gruppe

kurze Situationsbeschreibung eines Unfalls durch den Kursleiter.

Frage: Was machst Du?

Information: Notruf 110 (bzw. Telefonnummern der jeweiligen Stadt für Feuer, Polizei, Krankenwagen, Notarzt) sollte der Übung vorausgehen.

Analog A 1

Krankenschein ausfüllen

Information: Wann muß man sich krank melden?
Wer bekommt die Krankmeldung?
Wer füllt die Krankmeldung aus?

Tafel

Wo ist *das* Rezept?
Sie bekommen *es* sofort.

Wo ist *der* Krankenschein?
Sie bekommen *ihn* morgen.

Wo ist *die* Krankmeldung?
Sie bekommen *sie* morgen.

Einsetzübung

Tafel

a.) Wollt*en Sie* nicht im Krankenhaus anrufen?
Wollt*e er* mitgehen?

b.) *Wir* sollt*en* ihr etwas mitbringen.
Sollt*e ich* ihr etwas mitbringen?
Sollt*e er* ihr etwas mitbringen?

Einsetzübung, Reihendialog in der Gruppe, zuerst mit folgenden Begriffen:

Krankenschein, Rezept, Krankmeldung, Tabletten, Tropfen, Tee, Fieberthermometer, Pillenschachtel

Einsetzübung »wollte«

Strukturmusterübung zu trennbaren Verben, dialogisch in der Gruppe

wie A 1

Fragen zum Leseverständnis A 1 – A 3

Zum Anschauen und Fragenstellen

wie A1

Einsetzübung »sollte«

D 4	**Strukturmusterübung**, dialogisch
	→ trennbare Verben
C 6	Tafel
	und analoge Beispielsätze sammeln
D 9	**variieren** mit: dir, ihm
	Und wolltest du *mir* nicht ein Buch mitbringen?
AH 9.5. + **AH 9.9.**	**Einsetzübungen**
D 15	Tonband/**Semantisierung**: Wohnung, Bad, Heizung, Miete, Lesen
	Lerner stellen sich die Fragen gegenseitig, Antworten kann man an der Tafel sammeln
	Bei den Geschichten kommt es auf die Gegensätzlichkeit an. Schülerfragen zu den Geschichten, die vorgelesen werden.
	Auswahlübung: Komparativ
D 16	Tonband/entsprechend der Informationen auf dem Foto mündlich/schriftlich ergänzen
AH 9.6.	Angeberei durch Überzeichnen der Situation problematisieren »Was soll das?«
D 13	**Tafel**
D 14	Was *gibt* es in der Bäckerei?
	z. B. *Es gibt* ... ... *Es gibt kein* ... ...
C 3	Ausfüllen lassen von den Lernern.
	Gibt es da denn keinen Kaffee?
	Ja, ...
	Nein, ...

D 7	**Strukturmusterübung:** mündlich und schriftlich
D 18	**Situationsbeschreibung** vom Tonband, gelenktes Gespräch
D 10	**Dialogbeschreibung:** Einsetzübung: Variationen: er, sie, Platz für viel Phantasie
D 19	**Gelenktes Gespräch.**
D 20	
AH 9.11.	**Fragen formulieren**, z. B.: »Willst du das Micky-Maus-Heft lesen?«, die zu den entsprechenden Antworten passen: – Das ist mir zu doof.
	Test

Zu Lektion 10

Lerninhalte

A + B

Themen
Situationen Wohnsituation in der Familie
Information Verabreden, einladen
Fußballspiel
Wahrnehmung der eigenen Person
– Wunschvorstellung und Realität

Zusatzmaterialien für Arbeiter

Suche nach einem Kindergartenplatz
Beratungsstellen für Ausländer

C

Grammatische Strukturen

Verben
　Perfekt, gebildet mit ›haben‹
　Präteritum von ›sein‹

Pronomina
　Personalpronomina ›ich‹ – ›du‹ – ›er‹ – ›sie‹ – ›es‹ – im Akkusativ

Adjektive
　Deklination nach unbestimmtem Artikel im Nominativ

Präpositionen
　›von‹

Syntax
　Verb + Akkusativergänzung + Präpositionale Ergänzung

D

Übungen Sprechintentionen

eine Einladung, einen Wunsch, eine Aufforderung
– aussprechen
– annehmen
– ablehnen

Gefallen, Anerkennung, Mißfallen, Sympathie ausdrücken

Zärtlichkeit, Verliebtsein Ausdruck verleihen

Schwerpunkte

Die Jugendlichen sollen Gelegenheit bekommen, ihre Wünsche und Bedürfnisse, aber auch Schwierigkeiten, Mädchen bzw. Jungen kennenzulernen und Freundschaften zu schließen, im Spannungsfeld zwischen Wunsch und Realität zu äußern und zu erfahren, daß dies ein ihnen gemeinsames Problem ist. Sie sollen in die Lage versetzt werden, sich aktiv handelnd und nicht nur abwartend reaktiv in Kennenlernsituationen zu verhalten.

Folgende Fragen stellen sich:

Wo und wie lernen sich deutsche Mädchen und Jungen kennen?

Welches Rollenverständnis bestimmt die Kontaktaufnahme und das Kennenlernen?

Haben die Jugendlichen im Kurs überhaupt deutsche Freunde und Freundinnen?

Wenn nein, was glauben die Jugendlichen sind die Gründe dafür?

Welche Formen der Freizeitgestaltung sind ihnen vom Elternhaus erlaubt bzw. verboten?

Wie verbringen sie ihre Freizeit, und was sind ihre Wünsche bezogen auf die Freizeit?

Leitfaden

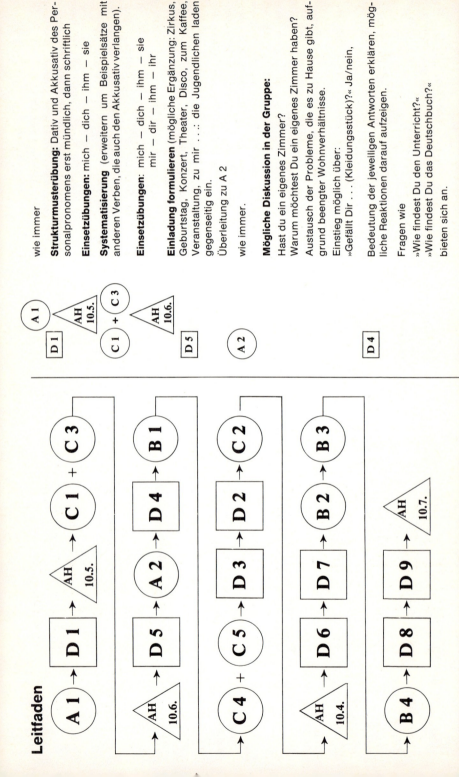

A 1 → D 1 → AH 10.5. → C 1 + C 3	wie immer
	Strukturmusterübung: Dativ und Akkusativ des Personalpronomens erst mündlich, dann schriftlich
AH 10.6. → D 5 → A 2 → D 4 → B 1	**Einsetzübungen:** mich – dich – ihm – sie
	Systematisierung (erweitern um Beispielsätze mit anderen Verben, die auch den Akkusativ verlangen).
C 4 + C 5 → D 3 → D 2 → C 2	**Einsetzübungen:** mich – dich – ihm – sie mir – dir – ihm – ihr
	Einladung formulieren (mögliche Ergänzung: Zirkus, Geburtstag, Konzert, Theater, Disco, zum Kaffee, Veranstaltung, zu mir ...: die Jugendlichen laden gegenseitig ein.
AH 10.4. → D 6 → D 7 → B 2 → B 3	Überleitung zu A 2
	wie immer.
	Mögliche Diskussion in der Gruppe:
	Hast du ein eigenes Zimmer?
	Warum möchtest Du ein eigenes Zimmer haben?
	Austausch der Probleme, die es zu Hause gibt, aufgrund beengter Wohnverhältnisse.
	Einstieg möglich über:
	»Gefällt Dir ... (Kleidungsstück)?« Ja/nein,
B 4 → D 8 → D 9 → AH 10.7.	Bedeutung der jeweiligen Antworten erklären, mögliche Reaktionen darauf aufzeigen.
	Fragen wie
	»Wie findest Du den Unterricht?« »Wie findest Du das Deutschbuch?« bieten sich an.

B 1

Tonband und Folie

Sicher ist jemand unter den Jugendlichen, der den anderen die Mannschaftsaufstellung bei einem Fußballspiel erklären kann.

Sicher hat auch jemand das letzte Spiel im Fernsehen gesehen und kann, unterstützt durch Fragen, darüber erzählen (→ Perfekt mit haben)
Welche Mannschaften haben gespielt?
Wer hat gewonnen?
Wer hat die Tore geschossen?

Tafel

Fragen und Antworten, in denen das Perfekt mit »haben« auftaucht, kann der Lehrer an der Tafel sammeln.

C 4

Tafel

Systematisierung des Perfekts gebildet mit haben:
Vollständige Konjugation in Singular und Plural

D 3

vorher nochmal zur Erinnerung vom Tonband, Antworten schriftlich

D 2

erst mündlich – **Reihendialog** –
dann schriftlich.

C 2

Tafel

Zur **Systematisierung,** wobei die Beziehung zwischen Artikel und Adjektivendung deutlich werden muß:

Das ist mein groß Bruder   *der*

Das ist mein klein Schwester   *die*

Das ist mein neu Zimmer   *das*

AH 10.4.

D 6

Auswahlübung: Adjektive in Nominativ nach unbestimmtem Artikel

a.) vom Tonband, bei
b.) und c.)

Fragen und Antworten erst mündlich, dann schriftlich, wobei eine der drei vorgegebenen Antwortmöglichkeiten erwartet wird.

In Zweiergruppen, die jeweils einen Dialog ausarbeiten → Hilfe durch den Lehrer und dann vorlesen

D 7

Am besten bringt der Kursleiter eine Collage mit, die er gemacht hat und er erklärt unter Beibehaltung der Strukturen:

Ich möchte . . . sein.
Ich möchte . . . haben.

B 2

Mit einem Haufen Illustrierten, Scheren, Klebe, Papier (DIN A3) und mit genügend Zeit (mindestens 2 Unterrichtsstunden) können die Jugendlichen dann ihre Collage machen. Währenddessen gibt es Gespräche zwischen Jugendlichen, und zwischen den Jugendlichen und Lehrer. Anschließend stellt jeder seine Collage vor und erzählt soviel dazu wie er will, bzw. die anderen von ihm wissen wollen.

In dieser Phase sollte der Lehrer nicht korrigierend eingreifen; er kann bei der Beschreibung *helfen,* indem er z. B. fehlende Begriffe beisteuert.

B 3

a.) Als Kontrast zum Wunschbild; – sollte man nur in einer Gruppe machen, in der sich die Jugendlichen schon lange und gut kennen und Vertrauen zueinander haben – . Auch bei dieser Collage sollte der Lehrer zuerst sein eigenes Beispiel vorstellen und kurz erläutern.

Auf die letzte Phase — die des Vorstellens vor der Gruppe — sollte man verzichten. Jeder sollte aber Zeit für sich haben, sich die beiden Collagen nebeneinander anschauen zu können und sich Gedanken dazu zu machen.

b.) Die Gruppe macht diese Collage — wenn alle wollen und der Lehrer bereit ist, sich damit auseinanderzusetzen, sonst eben nicht — zusammen.

Anschließend kann der Lehrer Fragen dazu stellen.

Die Phantasiegeschenke sollten etwas Schönes, etwas für den »Beschenkten« Wünschenswertes beinhalten, etwas, das Ausdruck ist für ein gutes Gefühl, oder eine schöne Assoziation. Alle Dinge die man kaufen kann, sollte man von vornherein ausschließen.

Damit die Geschenke gleichmäßig »verteilt« werden können, z. B.: mehrere Dreiergruppen sich wechselseitig je ein Geschenk für jeden der anderen drei ausdenken, auf einen Zettel schreiben und überbringen:

A, B, C   D, E, F
überlegen gemein- überlegen sich gemeinsam
sam je
ein Geschenk   je ein Geschenk für A, B, C
für D, E, F

Anschließend fragen sich alle gegenseitig:
Was hast Du denn geschenkt bekommen?
Willst Du das auch?
Gefällt es Dir?

(B 4)

Spiel:
Zublinzeln

Ein Stuhlkreis, hinter jedem Stuhl steht jemand, auf allen Stühlen sitzt einer, nur ein Stuhl bleibt leer.

Der, der hinter dem leeren Stuhl steht, blinzelt einem Sitzenden zu, dieser versucht auf den leeren Stuhl zu kommen, obwohl der hinter ihm Stehende versucht, ihn festzuhalten.

Dialog a.) und b.) vom Tonband
anschließend jeweils Rollenspiele.

Erfahrungen der Jugendlichen in Discos, beim Kennenlernen, thematisieren

c.) nur vom Tonband,
anschließend D 9 schriftlich in Zweiergruppen

d.), e.), f.), g.)
In Zweiergruppen schriftlich, dann mündlich vortragen
Rollenspiel

Test

D 8

AH 10.7.

Leitfaden

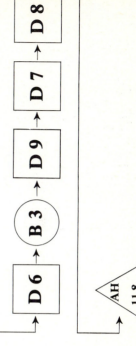

Zu Lektion 11

A 1 Was soll denn das?

A + B
Themen Konflikte mit Vorgesetzten
Situationen Konflikte zwischen Jugendlichen
Informationen Berufliche Situation der ausländischen und deutschen Jugendlichen Essensgewohnheiten

C
Grammatische Strukturen

Adjektive
   Deklination nach unbestimmtem Artikel im Akkusativ

Präpositionen
   ›für‹

Pronomina
   Personalpronomina ›wir – ihr – sie‹ im Akkusativ und Dativ
   Possessivpronomina ›unser – euer – ihr‹ im Nominativ

D
Übungen
Sprech-
intentionen

Befinden erfragen
Berichten
Ärger ausdrücken
Argumentieren
Vorschläge machen

Fragen für den Lehrer

- Welche Vorerfahrungen mit Arbeit und Beruf bzw. Ausbildung bringen die Jugendlichen mit?
- Ist das Bildungs- und Ausbildungssystem der Bundesrepublik den Jugendlichen bekannt?
- Sind die Strukturen innerhalb eines Industriebetriebes bekannt?
- War oder ist einer der Kursteilnehmer Auszubildender?
- Hat eventuell ein Jugendlicher schon in Deutschland oder im Heimatland gearbeitet?
- Haben die Jugendlichen Erfahrungen mit Arbeitslosigkeit bzw. Kurzarbeit?
- Wissen die Kursteilnehmer über die Arbeitslosigkeit der deutschen Jugendlichen Bescheid?
- Gehen die Teilnehmer in die Berufsschule? Welche Erfahrungen machen sie da?
- Sind die Kursteilnehmer überwiegend mit deutschen oder ausländischen Jugendlichen zusammen?

Vorspann

Situationsdialog   A 1

A 1   Das Problemfeld Vorurteile wird an anderer Stelle noch einmal differenzierter behandelt. In dieser Lektion soll allerdings eine erste Reflexion über diese Problematik angeregt werden. Dies kann geschehen, indem der Lehrer schon während der Phase der phonetischen Einübung mit Hilfe eines Tafelbildes die Vorurteile von Deutschen und Ausländern, wie sie im Dialog geäußert werden, gegenübersteilt. Gleichzeitig sollte aber auch die Ähnlichkeit der sozialen Situation von ausländischen und deutschen Jugendlichen (Arbeitslosigkeit, Verhältnis zu Ausbildern bzw. Lehrern etc.) deutlich gemacht werden.

Eine weitere Möglichkeit Vorurteile im Unterricht zu thematisieren und in Ansätzen zu bearbeiten, bietet sich an, indem die Jugendlichen unter Anleitung des Lehrers, der für eine Situation (z. B. Arif und der Meister) vorgibt, einen neuen Dialog entwickeln, der dann als Rollenspiel eingeübt und dargestellt wird.

wie Übungsmuster I   D 1

Diese Übung sollte von den Jugendlichen durch eigene Beiträge erweitert werden, wobei auch verschiedene Antwortmöglichkeiten, z. B. Verneinungen, mit einbezogen werden sollten.

wie Übungsmuster I   D 2

wie Übungsmuster I   D 3

Zur Systematisierung   C 1

Zur Systematisierung   C 2

Zur Systematisierung   C 3

Arbeitsheft 11.6 11.7

Einsetzübungen: unser – euer

Einsetzübungen: uns – euch – Ihnen – ihnen

Wegen der Lebhaftigkeit dieses Dialogs bietet sich hier die Einübung eines Rollenspiels an, das unter Umständen von den Jugendlichen weiter entwickelt werden kann, indem sie andere Nahrungsmittel einbeziehen.

Im besonderen Maß bietet dieser Dialog die Möglichkeit, Gefühlshaltungen wie Ablehnung, Aggression, Begeisterung, Enttäuschung etc. durch entsprechende Intonation ausdrücken zu lernen. Daher sollte der Lehrer gerade hier auf die phonetische Einübung besonderes Gewicht legen.

Arbeitsheft 11.5

D 4

wie Übungsmuster I

Hier bietet es sich an, diese Übung mit Gegenständen des täglichen Gebrauchs zu erweitern.

Zur Systematisierung

An dieser Stelle bietet sich an, die Jugendlichen anzuregen, mehr über ihre Alltagswelt mitzuteilen. Eine anregende Form ist dabei ein gespieltes Interview über Wohnsituation, Freundeskreis oder anderes. Dieses Interview kann in Zweiergruppen vorbereitet und vor der Gruppe durchgeführt werden. Darüber hinaus bietet sich an, diese Interviews mit Kassettenrecorder aufzuzeichnen. Zur Unterstützung der Kursteilnehmer können die benötigten Formen der Adjektivdeklination an der Tafel angeschrieben werden.

Eine weitere Möglichkeit der Anwendung der gelernten Strukturen besteht in folgendem **Ratespiel:**

Einem Teilnehmer werden die Augen verbunden; die anderen Teilnehmer beschreiben einen dritten Teilnehmer, und der Teilnehmer mit den verbundenen Augen muß diese Person auf Grund der genannten Charakteristika erraten. Z. B.:

– Die Person hat schöne braune Augen.
  Sie trägt einen grünen Pullover etc.

Anschließend beschreibt jeder Teilnehmer schriftlich seinen Nachbarn:

– Er/sie hat lange dunkle Haare.
  Er trägt braune Cordhosen etc., eventuell als
  Brief an einen Freund/eine Freundin.

Ein Briefmuster wird zuvor im Plenum entworfen und Satz für Satz an die Tafel geschrieben.

B 2

Auswahlübung: Adjektive nach unbestimmtem Artikel im Akkusativ

Dieser Vergleich kann erweitert werden durch die Darstellung deutscher und ausländischer Eßgewohnheiten, wobei die Jugendlichen Essenszeiten, Speisen u. A. aus ihren Heimatländern mit dem konfrontieren können, was sie in Deutschland sehen und erfahren. Dabei kann auch besprochen werden, wo man ganz bestimmte Lebensmittel wie z. B. türkische Süßspeisen bekommen kann, welche Vorlieben beim Essen die Jugendlichen haben, welche deutschen Speisen für sie neu waren als sie nach Deutschland kamen etc.

D 6

Durch diese Übung wird noch einmal B 1 in Erinnerung gerufen. Diese Übung kann als Anregung verstanden werden, selbst solche gemischten Dialoge herzustellen, die einzelnen Dialogteile auf Karteikarten zu schreiben und dann anderen Jugendlichen als Ratespiel zu geben.

Phonetische Einübung wie bei einem Situationsdialog

wie Übungsmuster I

Diese Übung kann erweitert werden, indem jeder Kursteilnehmer ein Rezept aus seiner Heimat aufschreibt. Danach werden alle Rezepte aus dem Kurs verglichen.

Damit diese Rezepte nicht nur auf dem Papier stehen, kann der Lehrer ein Fest anregen, zu dem dann die Speisen von den Kursteilnehmern mitgebracht werden.

D 7	wie Übungsmuster VII
D 8	wie Übungsmuster VII

Die Übungen D 7 und D 8 dienen dazu, gängige Redewendungen des Deutschen in ihrer Bedeutung zu erklären und einzuüben. Dies kann vom Lehrer erweitert werden, indem er Beispiele von anderen Redewendungen hinzunimmt, und diese dann ebenso einübt.

Sollte es der Sprachstand der Lerngruppe erlauben, so kann man den Übungsablauf auch herumdrehen, indem der Lehrer den Jugendlichen Redewendungen nennt, zu denen die Teilnehmer dann angemessene Situationsbeschreibungen entwickeln.

Arbeitsheft 11.8 **Test**

Zu Lektion 12

A 1 Was hast du am Wochenende gemacht?

A + B

Themen Freizeitaktivitäten der Jugendlichen
Situationen
Informationen Jobs in der »Frei«zeit

C

Grammatische Verben
Strukturen
    Perfekt
    Präteritum von ›haben – geben – gehen‹
    Verben mit Reflexivpronomen im Akkusativ
    Verben mit Präpositionalobjekt

Pronominaladverbien
    ›worüber – darüber‹

Syntax
    Nebensätze mit
    – daß
    – Infinitiv, erweitert mit ›zu‹

D

Übungen Fragen
Sprech- Berichten
intentionen Zufriedenheit/Unzufriedenheit ausdrücken

Leitfaden

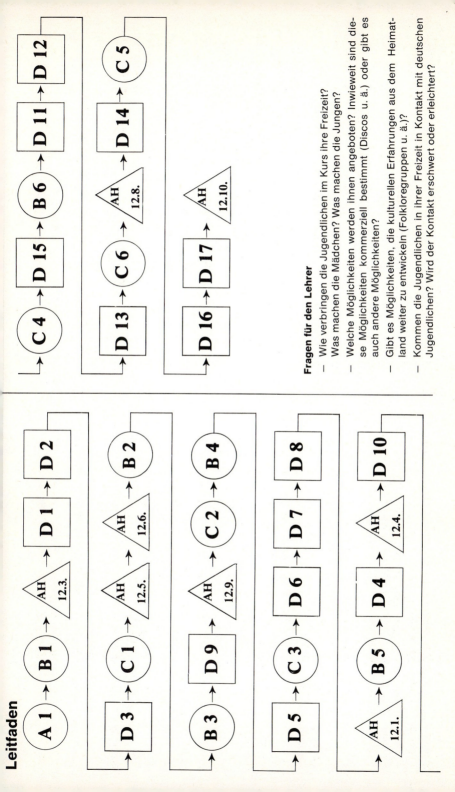

Fragen für den Lehrer

- Wie verbringen die Jugendlichen im Kurs ihre Freizeit? Was machen die Mädchen? Was machen die Jungen?
- Welche Möglichkeiten werden ihnen angeboten? Inwieweit sind diese Möglichkeiten kommerziell bestimmt (Discos u. ä.) oder gibt es auch andere Möglichkeiten?
- Gibt es Möglichkeiten, die kulturellen Erfahrungen aus dem Heimatland weiter zu entwickeln (Folkloregruppen u. ä.)?
- Kommen die Jugendlichen in ihrer Freizeit in Kontakt mit deutschen Jugendlichen? Wird der Kontakt erschwert oder erleichtert?

- Wie können Kontakte zwischen deutschen und ausländischen Jugendlichen gefördert werden?
- Ist die Freizeit wirklich »freie Zeit«? Gehen die Jugendlichen in ihrer »freien Zeit« arbeiten? Welche Gründe gibt es dafür? Müssen die Mädchen bei der Hausarbeit helfen?

Vorspann A 1
Situationsdialog A 1

Im Verlauf der Erarbeitung dieses Dialogs bietet sich an, die Freizeitaktivitäten der Jugendlichen zu diskutieren.

1. Der Lehrer kann durch Fragen versuchen, die Erfahrungen der Jugendlichen in den Unterricht einzubeziehen:
   – Was habt ihr/hast du am Wochenende gemacht?
   – Wer ist zu Hause geblieben?
   – Wer hat am Wochenende gearbeitet oder bei der Hausarbeit geholfen?
   – Was hat dir gefallen? Was war schön? Was war nicht so gut?

Bilder **B 1**

An einer passenden Stelle kann bei der Einübung von A1 B1 eingeschoben werden. Anregung zur Eigenaktivität der Jugendlichen ist durch die Aufforderung gegeben, durch Zeichnungen darzustellen, was sie am Wochenende machen. Dabei ist es auch günstig, die Gegensätze zwischen *wirklicher* Tätigkeit und den Wünschen mit verschiedenen Bildern darzustellen, um den Jugendlichen die Möglichkeit zu geben, ihre Situation differenzierter darzustellen.

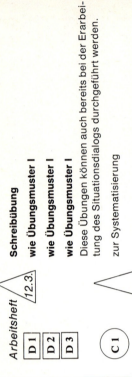

Arbeitsheft 12.3.

D 1	**Schreibübung**
D 2	wie Übungsmuster I
D 3	wie Übungsmuster I
	wie Übungsmuster I

Diese Übungen können auch bereits bei der Erarbeitung des Situationsdialogs durchgeführt werden.

C 1 zur Systematisierung

Arbeitsheft 12.5. / 12.6.

Bild **B 2** **Auswahlübung:** Perfekt, gebildet mit ›sein‹
Bilder **B 3** **Auswahlübung:** Perfekt, gebildet mit ›haben‹

Präsentation und Semantisierung wie bei einem Situationsdialog

D 9 wie B 2

wie Übungsmuster I

Arbeitsheft 12.9

Bilder **C 2** **Einsetzübungen**

zur Systematisierung

Da eine Bearbeitung aller Teile von B 4 schnell zu Langeweile und damit zu einem Motivationsschwund führen kann, sollte vom Lehrer nur eine Auswahl aus dem Angebot im Unterricht behandelt werden.

D 5 wie Übungsmuster I
C 3 zur Systematisierung
D 6 wie Übungsmuster I
D 7 wie Übungsmuster I
D 8 wie Übungsmuster I

Arbeitsheft /12.1./

B 5

Der Text dieser **Leseverständnisübung** wird vom Kursleiter mehrmals kopiert und zerschnitten. In Kleingruppen wird der Text wieder zusammengesetzt. Das Arbeitsheft wird zur Kontrolle herangezogen, und zum Schluß werden die Fragen beantwortet.

D 4

Präsentation und Semantisierung wie bei einem Situationsdialog

Wie Übungsmuster I zur Erweiterung von B 5

Arbeitsheft /12.4./

D 10 **Schreibübung** zum Perfekt

C 4

wie Übungsmuster I

zur Systematisierung

D 15 **wie Übungsmuster VI**

Die vorangegangenen Übungen können erweitert werden, indem die Jugendlichen einbezogen werden und verstärkt auf die Gründe für ihr Befinden eingegangen wird. Allerdings erfordert dies pädagogisches Einfühlungsvermögen und Zurückhaltung vom Lehrer, um nicht u. U. einzelne Jugendliche in eine schwierige Situation vor der Gruppe zu bringen.

B 6

Präsentation

Semantisierung

D 11 **wie Übungsmuster I**

D 12 **wie Übungsmuster I**

D 13 **wie Übungsmuster I**

Bezogen auf die Situation der Jugendlichen kann hier der Lehrer nachfragen, über was die Jugendlichen sprechen, wenn sie in der Pause sind, im Unterricht miteinander reden, in der Freizeit sich treffen etc.

zur Systematisierung

Einsetzübungen: Nebensätze

wie Übungsmuster I

Diese Übung bietet die Möglichkeit, aus einer Frage-Antwort-Sequenz einen neuen Dialog zu entwickeln. Ein Beispiel:

– »Was gibt es heute im Kino?«
  – »Ich weiß nicht. Gestern gab es ›Der Pate‹.«
– »Und war der Film gut?«
  – »Na ja. Es ging. Ich habe nicht viel gesehen.«
– »Warum?« etc.

C 6

Arbeitsheft /12.8./

D 14

zur Systematisierung

Auch bei dieser Übung läßt sich leicht die Situation der Jugendlichen einbeziehen, indem sie eine Beschreibung des Ablaufs des letzten Wochenendes oder eines anderen wichtigen Tages (z. B. der erste Tag in der Bundesrepublik u. ä.) geben. Ein anderer Jugendlicher stellt dann Fragen zu den einzelnen Ereignissen, so daß ein neuer Dialog entsteht. Um diese Arbeit zu erleichtern, sollte der Lehrer dies mit einem Kursteilnehmer vor der Gruppe durchspielen. Dann wird das Gespräch in Zweiergruppen vorbereitet und danach vor der Gruppe durchgeführt. Interessanter kann die Übung gestaltet werden, wenn man ihr die Form eines Interviews gibt, das mit Mikrophon und Kassettenrecorder bzw. Tonband durchgeführt wird.

C 5

D 16

D 17

Diese Übung, die die Jugendlichen anleiten soll, einen längeren Bericht zu geben, kann auf verschiedene Weise ergänzt werden:

1. Die Jugendlichen können einen Bericht über ihr eigenes Wochenende in Form eines Briefes geben.

2. Ein Jugendlicher berichtet und stellt seine Tätigkeit gleichzeitig mimisch und gestisch dar.

3. Die Jugendlichen zeichnen und malen die Wochenendaktivitäten oder machen eine Collage und geben dann mit Hilfe der Bilder einen Bericht.

Arbeitsheft /12.10/ **Test**

Zu Lektion 13

A 1 Jetzt bin ich schon drei Tage hier . . .

A + B

Themen Situationen Informationen
Verhältnis Junge/Mädchen
Arbeitssuche
Bewerbung
Lebenslauf (ausführlich und tabellarisch)

C

Grammatische Strukturen
Verben
  Verben mit Präpositionalobjekt
Pronominaladverbien
Syntax
  Nebensätze mit
   – ›daß‹
   – Infinitiv, erweitert mit ›zu‹
  Indirekte Frage mit
   – ›wie‹
   – ›ob‹

D

Übungen Sprechintentionen
Briefe schreiben (persönliche und offizielle)
Bewerbungsschreiben
Zuneigung ausdrücken
Angst ausdrücken
Berichten (schriftlich)
Hoffnungen ausdrücken
Wünsche ausdrücken
Lebenslauf schreiben

Leitfaden

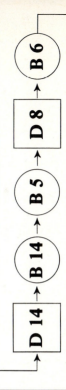

A1 → D1 → C1 → AH 13.7. → D2

A2 → D3 → C2 → AH 13.8. → B1

D5 → C4 → D11 → D12 → D4

C3 → D6 → D7 → AH 13.6. → D13

D14 → B14 → B5 → D8 → B6

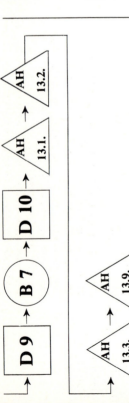

Vorspann A 1
Brief A 1

Die Bearbeitung des Briefes kann zum Anlaß für eine Diskussion über die Rolle von Mädchen und Jungen genommen werden. Auch eine Diskussion über die Ferienfahrten der Jugendlichen bietet sich hier an.

D 1

Bei dieser Übung sollte der Lehrer u. U. eine Auswahl aus den verschiedenen angebotenen Möglichkeiten auswählen.

Erweitert werden kann diese Übung durch Fragen zum Brief von Arif.

zur Systematisierung.
C 1 Einsetzübungen

Arbeitsheft  13.7.

D 2 wie Übungsmuster I

Vorspann A 2
Brief A 2

Die Bearbeitung dieses Briefs kann im Unterricht den Anstoß geben, über die verschiedenen Rollenerwartungen ausländischer und deutscher Jugendlicher zu diskutieren.

Einen Einstieg in diese Diskussion kann der Lehrer geben, indem er die Jugendlichen auffordert, Vermutungen über mögliche Verhaltensweisen von Dorle und Arif anzustellen. Darauf aufbauend können diese Vermutungen in die Form von Beschreibungen ähnlich wie die Vorspanne von A1 und A2 gebracht und dann in der Gruppe diskutiert werden.

C 2

zur Systematisierung
D 3 Die Übung 3 kann ergänzt werden, indem die einzel-

Fragen für den Lehrer

– Zu welchen Anlässen schreiben die Jugendlichen Briefe? Welchen Inhalt und welchen Zweck haben die Briefe?

– Haben die Jugendlichen deutsche Freunde oder Freundinnen? Welche Erwartungen werden von den Jugendlichen an die Beziehungen mit deutschen Freunden/Freundinnen geknüpft? Was erwartet z. B. ein ausländischer Junge von einem deutschen Mädchen, bzw. ein ausländisches Mädchen von einem deutschen Jungen?

– Fahren die Jugendlichen in Urlaub? Sind ihnen Erholungsreisen bekannt oder haben die Urlaubsfahrten oft einen anderen Zweck (Verwandtenbesuch)?

– Wie sind die Berufswünsche der Jugendlichen?

– Besitzen die Jugendlichen Kenntnisse über Anforderung und Charakter der möglichen Berufe? Haben sie eventuell schon Erfahrung in einem Beruf?

– Sind den Jugendlichen die Strukturen des deutschen Ausbildungssystems bekannt?

– Haben sich vielleicht schon einige Jugendliche um Arbeitsstellen bemüht? Welche Erfahrungen mit der Arbeitssuche haben sie gemacht?

nen Übungsteile zum Anlaß genommen werden, die Teilnehmer Kurzbriefe schreiben zu lassen. Diese Kurzbriefe werden an eine andere Teilnehmer weitergegeben, die dann über den Inhalt berichten.

Arbeitsheft/13.8.

B 1
Einsetzübungen

Dieser B-Teil ist auch als Übung zu verwenden. Die Jugendlichen füllen selbst vom Lehrer mitgebrachte Telegrammformulare aus, wobei ihnen der Text freigestellt ist.

Eine andere Möglichkeit besteht darin, daß die Kursteilnehmer eine Situationsbeschreibung erstellen, die anderen Teilnehmern als Anleitung zur Verfassung von Telegrammtexten dient.

Kontrastiv zur Formulierung von Telegrammtexten können zu den gleichen Themen ausführliche Briefe geschrieben werden. In diesem Zusammenhang ist es dann günstig, die Übungen D 5, D 11 und D 12 in den Unterricht zu integrieren.

Sprechintentionsübung
zur Systematisierung
Strukturmusterübung
Strukturmusterübung

Diese Übung läßt sich gut mit einem Rollenspiel verbinden, in dem besonders die pantomimische Darstellung der Unkenntnis durchgespielt werden kann. Eine Erweiterung der Übung kann auch darin bestehen, ähnliche Situationen, wie sie in der Übung vorgegeben sind, von den Kursteilnehmern vorspielen zu lassen, während die anderen Jugendlichen die dazu passende Frageformulierung finden müssen.

C 4
D 5
D 11
D 12
D 4

zur Systematisierung
wie Übungsmuster V
wie Übungsmuster V

C 3
D 6
D 7

Ausgebaut werden können diese Übungen dadurch, daß die Kursteilnehmer in Gruppen selbst Situationsbeschreibungen entwerfen und dann anderen Kursteilnehmern als Aufgabe vorlegen.

wie Übungsmuster V
wie Übungsmuster V

Präsentation und Semantisierung wie bei einem Situationsdialog
Brief

Zur leichteren Semantisierung kann der Lehrer den Anzeigenteil einer Tageszeitung mitbringen, an dem sich dann auch die verschiedenen Berufsbezeichnungen erklären lassen.

Arbeitsheft/13.6.

D 13
D 14

Präsentation und Semantisierung wie bei einem Situationsdialog

Die in dieser Übung zu schreibenden Bewerbungen sollten möglichst auf Anzeigen der örtlichen Tageszeitungen bezogen sein, damit den Jugendlichen die Verbindung zur eigenen sozialen Realität deutlich wird.

B 14
B 5
D 8

Präsentation und Semantisierung wie bei einem Situationsdialog
wie B 6

B 6
D 9
B 7
wie Übungsmuster V

D 10

Arbeitsheft

13.1. **Leseverständnis:** Stellenangebote

Bewerbungsbrief und Bewerbungsbogen zu 13.1.

13.2. a) Tabellarischer Lebenslauf

13.3. b) Ausführlicher Lebenslauf

Die in diesen Übungen verfaßten Lebensläufe können zu einem kleinen Ratespiel verwendet werden, daß darin besteht, einige der Lebensläufe ohne Namensnennung vorzulesen und die übrigen Kursteilnehmer raten zu lassen, um wessen Lebenslauf es sich handelt.

Die Teile B 4 bis B 7 sowie die Übungen dazu bilden einen Komplex, der für die Teilnehmer im Rahmen der Berufsfindung eine große Bedeutung hat. Um die Behandlung dieses wichtigen Themas zu intensivieren und den Jugendlichen die Möglichkeit zu geben, sich gründlich mit den Situationen der Arbeitssuche auseinanderzusetzen, besteht hier die Möglichkeit, den Ablauf der Stellensuche in die Form eines kurzen Theaterstückes zu bringen. Die Dialoge zu diesem Stück sollten auf Anregung des Lehrers und mit seiner Hilfe von den Jugendlichen selbst verfaßt und eingeübt werden.

Arbeitsheft

13.9. **Test**

Zu Lektion 14

Lerninhalte

A + B

Vorurteile
– Konfligierende Normen und Werte
– Rollenverhalten (Junge – Mädchen)
– Kulturkonflikt der Eltern

Wohnen
– Wohnungssuche
– Im Maklerbüro

Möglichkeiten eine Wohnung zu finden

Informationen
– für den Mieter
– für den Wohnungswechsel

Autovermietung

Zusatzmaterialien für Arbeiter

Kredit

Grammatische Strukturen

Adjektive
  Deklination nach bestimmten Artikeln im Akkusativ
  Deklination von Komparativ und Superlativ im Nominativ und Akkusativ

Pronomina
  »welch–« — »was für ein« im Nominativ und Akkusativ

Syntax

Funktion von »denn« im Hauptsatz

Nebensätze
- weil
- wenn
- bevor

D
Übungen Sprechintentionen

etwas begründen
Entscheidungen treffen
Bedingungen stellen
sich in Diskussionen mit Problemen auseinandersetzen
die individuelle Situation analysieren und darstellen

Reagieren in Konfliktsituationen:
- sich beschweren und auf Beschwerden reagieren
- beleidigen und auf Beleidigung reagieren.

Schwerpunkte

Weshalb arbeiten Sie mit Ausländern?
Hat sich an Ihrer Einstellung gegenüber Ausländern während Ihrer Arbeit verändert?

Vorurteile werden auf verschiedenen Ebenen mit subjektiv unterschiedlicher Betroffenheit erfahren, wobei die jeweils eigene Moral und Religion, soziokulturell sich unterschiedende Verhaltensweisen (z. B. geschlechtsspezifische Rollenverhalten), sprachliche und soziale Kompetenz und die eigene Stellung im Arbeitsprozeß berührt sind.

Für uns ergeben sich – bezogen auf diese Unterrichtseinheit – folgende Fragestellungen:

1.) Ist es möglich, die historische Entwicklung der Ausländerbeschäftigung und deren ökonomische Ursachen, bezogen auf die BRD und die Herkunftsländer – vielleicht exemplarisch anhand von Familiengeschichten –, aufzuzeigen?

2.) Für welche Interessen lassen sich Vorurteile funktionalisieren?

Welche Auswirkungen hat das für die Betroffenen? Deutlich könnte das werden anhand von Erfahrungen, die einzelne Jugendliche mit »illegaler« Arbeit gemacht haben.

3.) Wie kommen Vorurteile von Ausländern gegenüber Deutschen zustande?

Welche Rolle spielen dabei die Unsicherheiten und Ängste der Eltern bezogen auf das unterschiedliche Normen- und Wertsystem?

Was ist an diesen Unsicherheiten und Ängsten veränderbar?

Von seiten der Lehrer → Elternarbeit?
Von seiten der Schüler → Information?

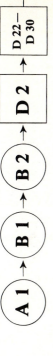
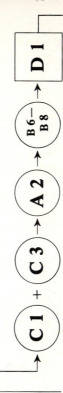

Leitfaden

Zu Lektion 15

Lerninhalte

A + B

Themen
Situationen
Informationen

Wohnen
- Sanierungspolitik
- Wohnsituation von Ausländern
- Telefongespräche zur Zimmersuche
- Wohnungsbesichtigung
- Mietvertrag
- Wohnungseinrichtung

Zusatzmaterialien für Arbeiter
- Ausländerbehörde
- Erläuterung zur Aufenthaltserlaubnis

C

Grammatische Strukturen

Adjektiv

   Deklination nach bestimmten Artikeln im Nominativ
   Deklination nach unbestimmten Artikeln im Dativ

Syntax

   Nebensätze
   Indirekte Frage
     – wie
     – welche
     – warum
     – wer
     – wann

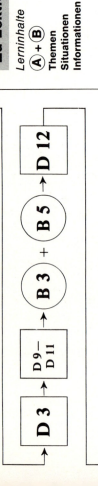

sche Arbeiter) nur bestimmte Wohnungen anmieten? In welchen Gebieten gibt es Wohnungen für Ausländer?

Wollen Ausländer mit Ausländern zusammen wohnen? (Wenn ja, warum?)

Sinnvoll erscheint es uns, die Probleme der Ghettoisierung und der Sanierungspolitik anhand einer Fotodokumentation in den Unterricht einzubeziehen, wobei der Schwerpunkt auf den Stadtteilen und ihrer Bewohner – bzw. Infrastruktur liegen sollte. (Vergleiche dazu auch die Bilderserie: »Die Veränderung der Landschaft« und »Hauruck der Baggerzahn« zu Stadtentwicklungsprozessen.)

Leitfaden

A2 → B2 → D8 → D9 → D10

D14 → B3 + B4 + B5 → D15

D16 → A1 → D1–D5 → B1 → C1

D Übungen

Informationen erbitten und erteilen
- Wohngegend
- Größe und Ausstattung der Wohnung
- Höhe der Nebenkosten
- Kaution

Reagieren auf Wohnungsanzeigen

Informationen, die man von Dritten erhalten hat, weitergeben

etwas bezweifeln und auf Zweifel reagieren

Schwerpunkte

Aufbauend auf den Problemen der Eltern bei der Wohnungssuche (Lektion 14, A 2) thematisiert diese Lektion nochmals den Bereich von »Wohnen«.

in welchen räumlichen Verhältnissen wohnen Ausländer?

(Vergleich Herkunftsland – BRD)

Welche Ansprüche an »Wohnen« stellen Ausländer – Deutsche? (Lehrer – Schüler)

Wenn man im Kurs über die Wohnbedingungen der jugendlichen Ausländer spricht, ergeben sich gerade aufgrund der unterschiedlichen Ansprüche Probleme insofern, als der Lehrer (die Lehrerin) sich einerseits vor einem Eingriff in die Intimsphäre der Kursteilnehmer hüten sollte, andererseits aber für ihn (sie) Informationen der Jugendlichen – wenn dieses Thema nicht nur oberflächlich behandelt werden soll – notwendig sind. Es bietet sich daher an, den Schwerpunkt vom Individuellen auf das Allgemeine zu verlagern.

Warum können Ausländer (insbesondere ausländi-

Zu Lektion 16

Lerninhalte

Ⓐ + Ⓑ
Themen, Beziehungskonflikt innerhalb der Gruppe.
Situationen, Verdächtigungen und Reaktionsmöglichkeiten aus-
Informationen ländischer Jugendlicher in der BRD.
Theaterstück.

Zusatzmaterialien für Arbeiter
Kindergeld

Ⓒ

Grammatische Verb Konjunktiv II in der 3. Person von haben/kön-
Strukturen nen/müssen
Perfekt mit Modalverben
Verben mit dem Reflexivpronomen im Dativ
werden als Vollverb

Pronomen
Reflexivpronomina

Syntax
Nebensätze
— wenn
— als
— nachdem

Ⓓ
Übungen Interessengebiete/Hobbies
Erinnerungen wiedergeben

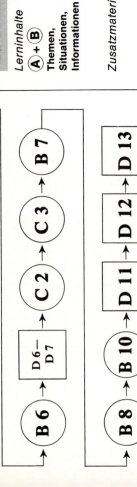

① über Vergangenes differenziert berichten reagieren in Konfliktsituationen. Im Betrieb Informationen, Erkundigungen einholen Interessen und Bedürfnisse vertreten.

Schwerpunkte

Verdächtigungen entstehen oftmals in Konfliktsituationen zwischen Ausländern und Deutschen. Im Zweifelsfall wird »dem Ausländer« die Sündenbockrolle zugewiesen, wobei dies unseres Erachtens nicht nur für den privaten, sondern auch für den öffentlichen Bereich zutrifft (Gerichte, Polizei, Bürokratie).

Welches Verhalten gegenüber öffentlichen Instanzen haben die Jugendlichen?

(→ Rückgriff auf ihre Erfahrungen)

Kennen sie Stellen (Vereine, Beratungsstellen), bzw. Personen (Rechtsanwälte ...), bei denen sie Hilfe bekommen können?

Sind sie darüber informiert, daß es besondere rechtliche Bestimmungen für Ausländer gibt? (Ausländergesetz: Konsequenzen für den Einzelnen, Einschränkungen und Benachteiligungen aller Ausländer, politische Forderungen und Begründungen, die für die Abschaffung der Ausländergesetze eintreten.)

Theaterstück

② Identitätsprobleme, wie ausländische Jugendliche sie nicht allein, aber in besonders verschärfter Weise durchleben, machen die Auseinandersetzung mit der eigenen Geschichte notwendig, ihrer Geschichte als Emigranten.

Eigene Geschichte spielerisch darzustellen bietet eine weite Palette von Aktionsmöglichkeiten: Sprache ist dabei *eine Form* der Vermittlung, Pantomime, Mimik, Gestik sind weitere Ausdrucksmöglichkeiten für das eigene Erleben.

Die Szenenvorgabe ist dabei nur ein Gerüst, ein Hinweis darauf, wie die Produktion des Theaterstücks strukturiert werden kann. Die Hauptperson beim Drehbuchschreiben und beim Spielen sind die Jugendlichen. Die Lehrerin (der Lehrer) hilft als »Assistent« die Intentionen der Jugendlichen – vor allem auch was die sprachliche Seite angeht – zu realisieren.

Da es sehr viel Zeit – mindestens 14 Tage – erfordert, ein Theaterstück, das man dann auch – beispielsweise in einem Jugendzentrum – mit einigem Erfolg aufführen kann, zu produzieren, bietet es sich an, diesem Projekt ein Wochenseminar zu widmen.

Leitfaden:

A2 und im Anschluß daran B5, als fiktive Geschichte, die Anlaß bietet, Wunsch und Realität, bezogen auf das Leben ausländischer Jugendlicher in Deutschland, gegenüberzustellen.

Übungen D 14, D 15, D 16, D 17, D 18, D 19

B1 bis B4 sind als Einstieg zu den entsprechenden Übungen zu verstehen, wobei es nützlich ist, sich an den C -Teilen zu orientieren

D 1 – D 13

A 1 **Übungen:** D 20

B 6 **Theaterstück**

Zu Lektion 17

Lerninhalte

Ⓐ + Ⓑ

**Themen,
Situationen,
Informationen**

Betriebsbesichtigung
- ausländische Jugendliche im Betrieb
- Arbeitsbedingungen
- Arbeitsbegriff
- Jugendschutzgesetz

Zusatzmaterialien für Arbeiter

Ⓒ

Betriebsrat

**Grammatische
Strukturen**

Pronomen
    Possessivpronomen, prädikativ ›meins‹....

Adjektiv
    Deklination ohne Artikel im Akkusativ

Syntax
    Hauptsatz
        – entweder – oder
    Nebensatz
        – damit
        – um zu

Relativnebensatz mit
Relativpronomen im Nominativ

Ⓓ
**Übungen
Sprechintentionen**

Verhältnis Arbeitgeber – Arbeitnehmer
Arbeitsbedingungen

sich in Arbeitsbedingungen zurechtfinden, Konfliktsituationen bewältigen

Meinungen wiedergeben, Meinungen äußern
Information einholen
Einstellungen vergleichen

Schwerpunkte

Haben die Jugendlichen mittlerweile genügend Informationen über schulische und berufliche Ausbildung in der BRD?

Welche Perspektiven bieten sich den Jugendlichen nach Abschluß des MBSE-Lehrgangs?

In welchen Berufszweigen (Arbeitsbereichen) gibt es Ausbildungsplätze (Arbeitsplätze) für ausländische Jugendliche?

Bei der Betriebsbesichtigung ist es sicher – im Hinblick auf spätere Diskussionen untereinander oder im Elternhaus – gut, solche Betriebe zu besuchen, in denen Verwandte und (oder) Bekannte der Schüler arbeiten.

Leitfaden

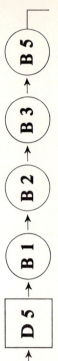

Zu Lektion 18

Ⓐ + Ⓑ

Themen, Situationen, Informationen

Phantasiegeschichte:
Fernsehdiskussion:
Die Bundesrepublik – Ein Einwanderungsland
Verfassungsaufbau und politische Organe der Bundesrepublik Deutschland
Gedicht: Mehmet lebt hier

Ⓒ

Grammatische Strukturen

Verb
  Verben der Bewegung/des Zustands
  Präteritum und Perfekt des Vollverbs »werden«

Präpositionen
  mit Dativ
  mit Akkusativ
  mit Dativ und Akkusativ

Syntax Nebensatz:
  Relativsätze mit Relativpronomina im Dativ und Akkusativ/mit Relativpronomina nach Präpositionen

Zusammenfassung der Strukturen von Lektion 12 – 18

D

Übungen

Personen/Sachen lokalisieren
Diskutieren/Vor- und Nachteile/Für und Wider differenziert abwägen:

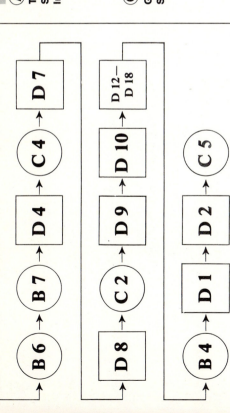

– Lebensbedingungen der ausländischen Familien in der Bundesrepublik

Schwerpunkt

... dieser Unterrichtseinheit ist die Phantasiegeschichte.

Phantasie wird aus unserem heutigen Leben immer mehr verdrängt in einer hochtechnisierten Gesellschaft durch Vermarktung aller Lebensbereiche.

Wie ist es mit der Tradition des Geschichtenerzählens und der Geschichtenerzähler, die in den industrialisierten Ländern fast gänzlich abgebrochen ist, in den Herkunftsländern?

Welche Assoziationen haben die Jugendlichen beim Hören unserer Phantasiegeschichte? Welche Fabelfiguren, wie Feen, Gnome, Drachen, kennen sie aus ihrem Kulturkreis?

Welche Verbindungen bzw. Unterschiede bestehen zwischen Geschichten, Märchen, Fabeln, die der Lehrer (die Lehrerin) aus seiner (ihrer) Kindheit kennen, und denen, die die Jugendlichen von zu Hause kennen.

Ein guter Anlaß, Geschichten zu erfinden und aufzuschreiben

Viel Spaß!

Leitfaden